So funktioniert die Wirtschaft

Dr. Norbert Häring

Inhalt

Vorwort

Ökonomie ist leicht. Selbst das Wort, das so hochtrabend und schwer daherkommt, bedeutet aus dem Griechischen übersetzt nicht mehr als Hauswirtschaft. Die Ökonomen haben es geschafft, aus einer Disziplin, über die jeder Interessierte mitdiskutieren könnte, eine Art Geheimwissenschaft für Eingeweihte zu machen. Das rächt sich jetzt bitter. Selbst führende Parlamentarier bekennen angesichts einer tiefen Finanzkrise, dass sie manche Zusammenhänge und Lösungsmodelle nicht wirklich verstehen.

Dieses Buch soll Ihnen die Ehrfurcht vor den Ökonomen und ihrem Fach nehmen. Sie werden sehen, dass Sie problemlos und ohne besondere Anstrengung in der Lage sind zu verstehen, was in der Wirtschaft vorgeht, wenn keine Fachausdrücke und komplizierten Modelle den Zugang verbauen.

Sie werden keine allgemeingültigen, ewigen Wahrheiten erfahren. Die wirtschaftlichen Akteure sind keine willenlosen Automaten, die vorhersehbar und nach einheitlichem Muster handeln. Fallbeispiele und Ergebnisse wissenschaftlicher Untersuchungen werden Ihnen helfen, die wichtigsten Wirkungszusammenhänge im Wirtschaftsleben zu verstehen. Sie werden auch erkennen, dass es in der Ökonomie oft kein „richtig" oder „falsch" gibt, sondern dass es darauf ankommt, wessen Blickwinkel man einnimmt, wessen Interessen man Vorrang einräumt. Was gut ist für eine Gruppe, ist oft schlecht für eine andere.

Norbert Häring

Wachstum

Gleich ob Politik, Unternehmen, Gewerkschaften oder die breite Öffentlichkeit: Alle lieben wirschaftliches Wachstum, denn es scheint uns einen immer höheren Wohlstand zu garantieren. Doch taugt Wachstum als Wohlstandsmaß? Und was ist mit diesem Begriff überhaupt gemeint?

In diesem Kapitel erfahren Sie,

- unter welchen Voraussetzungen Wirtschaftswachstum erstrebenswert ist,
- ob man Wachstumszahlen vertrauen kann,
- wie Wachstum entsteht,
- ob Wachstum die Erde langfristig zugrunde richtet.

Ist Wachstum noch erstrebenswert?

Wenn jemand heute von Wirtschaftswachstum oder kurz von Wachstum spricht oder schreibt, dann meint er normalerweise die Zunahme des *Bruttoinlandsprodukts*, kurz *BIP*.

> Das **Bruttoinlandsprodukt (BIP)** ist der Wert aller im Inland hergestellten Waren und Dienstleistungen. Dabei wird das, was als Vorleistung in ein Endprodukt eingeht, nur einmal gezählt. Wertminderungen von Maschinen und Anlagen werden nicht abgezogen, deshalb „brutto". Der Verbrauch an natürlichen Rohstoffen sowie Verschlechterungen der Umwelt im Produktionsprozess werden ebenfalls nicht als Kosten abgezogen. Was nicht über den Markt abgerechnet wird, z.B. Hausarbeit und heimische Kinderbetreuung, fließt nicht ins BIP ein.

Das BIP misst das Niveau der über den Markt abgerechneten wirtschaftlichen Aktivität eines Landes, den Endwert aller im Land produzierten Güter und Dienstleistungen. „Endwert" bedeutet: Wenn ein Zulieferer einem Automobilhersteller eine Batterie liefert, so wird diese mit ihrem Wert zur Produktion des Zulieferers gezählt. Wenn die Statistiker den Wert des produzierten Autos statistisch erfassen, ziehen sie den Wert der Batterie ab, damit dieser nur einmal gezählt wird.

Beispiel:

> Wenn eine Kindergärtnerin drei Jahre in Elternzeit geht und in dieser Zeit ihre Kinder betreut und den Haushalt führt, trägt sie in dieser Zeit (außer als Konsumentin) nichts zum Wachstum des BIP bei. Arbeitet sie stattdessen weiter als Kindergärtnerin, schickt ihre Kinder in den Hort und beschäftigt eine Haushaltshilfe, dann tragen ihr Einkommen und der mögliche Gewinn, an dessen Erwirtschaftung sie beteiligt ist, zur gemessenen Wirtschaftsleistung bei, außerdem der Lohn der Haushaltshilfe und der anteilige Lohn der Hortmitarbeiter, die ihre Kinder betreuen.

Wachstum macht nicht glücklich

Wirtschaftswachstum hat mehr als einmal einen schlechten Namen bekommen. Die Hippies der späten Sechziger- und Siebzigerjahre verweigerten sich dem Konsumzwang und den Drang zum „immer mehr". Die nachfolgende Ökologiebewegung machte das Wirtschaftswachstum für Umweltverschmutzung, Plünderung der natürlichen Bodenschätze, Artenverlust und Erderwärmung verantwortlich. Und nach der Jahrtausendwende kam ein Zweig der Wirtschaftstheorie in Mode, der sich Glücksökonomie nennt. Seine Vertreter untersuchen, was die Menschen glücklich macht. Sie stellen i.d.R. fest, dass Geld nicht alles ist, ja nicht einmal das Wichtigste, zumindest wenn man schon einiges davon hat. Fast schien es, als wären damit Teile der Wirtschaftswissenschaft bei den 68ern angekommen.

Derartiges Gedankengut breitete sich bis in die hohe Politik aus. Die britische Regierung begann 2011 damit, die Lebenszufriedenheit der Bürger durch regelmäßige Umfragen zu messen. Der französische Präsident Nikolas Sarkozy berief eine mit Nobelpreisträgern gespickte internationale Kommission von Ökonomen ein, die untersuchen sollte, inwieweit es sinnvoll sei, das Bruttoinlandsprodukt weiter zu steigern. Bundeskanzlerin Angela Merkel sprang auf den Zug auf und beauftragte den Sachverständigenrat zur Begutachtung der gesamtwirtschaftlichen Entwicklung, zusammen mit seinem französischen Pendant einen Bericht zum Thema zu verfassen. Und schließlich rief 2010 der Bundestag eine Enquete-Kommission „Wachstum, Wohlstand, Lebensqualität" ins Leben.

Die mit Ökonomen und Politikern besetzte Kommission erhielt den Auftrag, „den Stellenwert von Wachstum in Wirtschaft und Gesellschaft zu ermitteln".

Im Kern geht die Debatte um Wachstum und Lebensglück auf das sog. Easterlin-Paradox zurück. Der Ökonom Richard Easterlin hatte 1974 in einem Fachaufsatz festgestellt, dass die Zufriedenheit der Bürger mit zunehmendem Einkommen (gemessen in Wirtschaftsleistung je Einwohner) kaum noch steigt, wenn einmal ein gewisses Mindestniveau überschritten ist. Dazu passend stellte er fest, dass Bürger reicherer Länder nicht nennenswert glücklicher waren als Bürger weniger reicher Länder, sobald auch bei Letzteren ein gewisses Mindestniveau überschritten war.

Für den Einzelnen stellt sich die Situation jedoch differenzierter das: Seine Lebenszufriedenheit steigt nämlich durchaus, wenn sein Einkommen im Verhältnis zu seinen Mitbürgern zunimmt. Die Lebenszufriedenheit der Menschen wird v.a. dadurch positiv beeinflusst, dass sie relativ zu den Mitmenschen, mit denen sie sich vergleichen, ein gutes Einkommen haben. Die schöne Wohnung, das große Auto und alles andere Sichtbare, was man sich damit leisten kann, erhöhen den sozialen Status, also das Ansehen, das man in den Augen der Mitmenschen genießt.

Beispiel:

 Die Harvard-Wissenschaftler Solnik und Hemenway (1998) fragten Teilnehmer an einem Experiment, was sie bevorzugen würden: ein Einkommen von 50.000 Dollar, wenn alle anderen 20.000 Dollar verdienten, oder ein Einkommen von 100.000 Dollar, wenn

> die anderen 200.000 Dollar verdienten. Die meisten wählten die
> Variante mit 50.000 Dollar, bei der sie mehr als die anderen
> verdienten, obwohl sie sich in dieser Variante nur halb so viel
> leisten könnten wie in der anderen.

Weil aber der Statusgewinn des einen aufgrund eines höheren
relativen Einkommens immer mit dem Statusverlust eines
anderen einhergeht, und weil in dem Fall, dass alle mehr
verdienen, niemand an Status gewinnt, macht ein allgemeiner
Einkommensanstieg innerhalb einer Nation oder Region die
dort lebenden Menschen nicht glücklicher.

Was Menschen glücklich macht

Nach den Erkenntnissen der Glücksökonomen und Psycho-
logen wirken sich v.a. folgende Faktoren auf die Lebenszufriedenheit der Menschen aus:

- gute soziale Kontakte
- eine gute Ehe und eine intakte Familie
- eine befriedigende Arbeit
- Gesundheit
- ein hoher sozialer Status

Die Höhe des Bruttoinlandsprodukts in einer Region oder
einem Land hat nur einen sehr geringen Einfluss auf die
durchschnittliche Lebenszufriedenheit der Bewohner. Das
kann man unter anderem im „Glücksatlas" nachlesen, der
jährlich im Auftrag der Deutschen Post erstellt wird. Wer
reichlich Geld hat, kann sich davon einiges direkt oder indirekt
kaufen, etwa Gesundheit durch eine gute medizinische Be-
handlung. Die Chance auf eine intakte Ehe erhöht sich viel-

leicht, wenn die Ehepartner sich nicht um finanzielle Dinge streiten müssen. Andererseits kann es durchaus Gesundheit, Eheglück und soziale Kontakte kosten, wenn man das Geldverdienen zu sehr in den Vordergrund stellt.

Schwächen der Glücksökonomie

Die Erkenntnisse darüber, was die Menschen glücklich macht, sind gut abgesichert und wenig umstritten. Dennoch kann man argumentieren, dass es unsinnig sei, Wirtschaftsleistung, deren Höhe unbegrenzt ist, mit einer Kategorie wie Lebenszufriedenheit, die auf einer festen Skala von 1 bis 10 gemessen wird, in Beziehung zu setzen. Wer die Frage nach seiner Lebenszufriedenheit beantwortet, vergleicht sein Leben mit dem Leben anderer, deren Lebensumstände er kennt. Mit allgemein steigendem Einkommen steigen auch die Ansprüche. Das heißt, dass jemand, der heute seine Lebenszufriedenheit auf oben genannter Skala mit 6 angibt, vermutlich nicht mit jemand tauschen möchte, der vor 50 Jahren auch eine 6 genannt hätte.

Beispiel:

 Hätte man vor 2000 Jahren die Menschen gefragt, wie groß ihre Lebenszufriedenheit auf einer Skala von 1 bis 10 ist, dann wäre vermutlich im Durchschnitt nicht eine 1 herausgekommen, sondern ein mittlerer Wert, so wie heute auch. Wenn der Einfluss des Einkommens auf die mittlere Lebenszufriedenheit sehr groß wäre, müssten reiche Länder schon lange sehr nahe an der 10 liegen. Dann könnte die Lebenszufriedenheit aber dort mit zunehmendem Einkommen nicht mehr steigen. Die Lebenszufriedenheit kann also auf Dauer schon definitionsgemäß nicht mit dem Einkommen steigen.

Sinnvolle Maßstäbe für gute Politik

Was aber sollte der Maßstab für gute Politik sein, wenn nicht die Lebenszufriedenheit der Menschen? Hier wagen wir uns schon recht weit auf philosophisches Gebiet vor. Es gibt verschiedene Gegenentwürfe, von denen ich zwei vorstellen will:

- die möglichst weitgehende Ausschöpfung der menschlichen Potenziale
- die Stärkung der Gesellschaft

Ökonomen, die die Entfaltung der menschlichen Potenziale betonen, lehnen die private Zufriedenheit als Maßstab für gesellschaftliches Handeln ab. Ziel solle es vielmehr sein, den Einzelnen zu ermöglichen, ihre Potenziale auszuschöpfen. Bekanntester Vertreter ist der indische Ökonom Amartya Sen, Nobelpreisträger und Autor des Bestsellers „Ökonomie für den Menschen". Er fragt, ob ungebildete Slumbewohner, die zufrieden sind, weil sie nicht mehr vom Leben erwarten, in ihrer Lage gelassen werden sollten, obwohl sie bei guter Ausbildung und Ernährung das Potenzial zu guten Handwerkern, Künstlern oder Wissenschaftlern hätten. In einer hochentwickelten Wirtschaft können zahlreiche Fähigkeiten und Neigungen besser entwickelt werden als in einer zurückgebliebenen.

Eine Alternative (oder auch Ergänzung) zu dieser eher idealistischen und individualistischen Rechtfertigung des Wirtschaftswachstums im Sinne wirtschaftlicher Entwicklung ist eine realpolitische Sichtweise, wie sie Bernard Mandelville (1670–1733) mit seiner Bienenfabel zum Ausdruck gebracht hat. Darin veranschaulicht Mandelville seine Überzeugung, dass persönliche Tugenden wie Genügsamkeit und Friedfertigkeit oft weniger förderlich für Fortschritt und Gedeihen der Gesellschaft seien als Laster wie Ehrgeiz, Gier und Luxus.

In der Fabel verarmt das Bienenvolk mit den genügsamen, tugendhaften Bienen. Das Volk mit den arbeitsamen, ehrgeizigen und aggressiven Bienen dagegen wird reich und mächtig und kann die Herrschaft über die wehrlosen, arm gebliebenen Bienen an sich reißen.

Die Anspielung auf die enge Verbindung von wirtschaftlicher Kraft und militärischer Macht ist historisch korrekt. Immer wieder im Lauf der Geschichte haben führende Wirtschaftsmächte ihre Wirtschaftskraft in militärische Macht übersetzt und diese genutzt, um andere Länder zu beherrschen und dadurch ihren Reichtum noch zu mehren, oft zu Lasten der Beherrschten.

Die Fabel hat noch eine weitere Botschaft: Der Einzelne, der sich in seinem eitlen Ehrgeiz nach sozialem Status anstrengt, mehr zu verdienen als andere, und dadurch an einem erbarmungslosen Konkurrenzkampf teilnimmt, bei dem jeder private Kosten in Kauf nehmen muss, produziert als Nebeneffekt eine reichere Gesellschaft.

Beispiel:

 Die „Mitte der Gesellschaft" trat seinerzeit den Hippies so ausgesprochen feindselig gegenüber, weil sie der Meinung war, diese leisteten in ihrem alleinigen Streben nach Zufriedenheit im Hier und Jetzt keinen Beitrag für die Gesellschaft. Aus ihrer Sicht – und aus einer Sicht, die auf Stärke und Wohlstand der Gesellschaft insgesamt abzielt – hatten sie damit sicherlich Recht.

Wer sich in die Tretmühle des Wettbewerbs mit dem Nachbarn um das größere Auto begibt, der produziert damit direkt oder indirekt Steuern und Sozialabgaben, mit denen Straßen gebaut, Lehrer bezahlt und soziale Leistungen finanziert werden können. Das sichert langfristig den Wohlstand der Gesellschaft, kommt aber in Umfragen zur aktuellen Befindlichkeit des Einzelnen nicht zum Ausdruck.

Wirtschaftswachstum steigert kaum die Lebenszufriedenheit der Menschen, v.a., weil die Ansprüche mit zunehmendem Wohlstand wachsen. Wirtschaftliche Entwicklung ermöglicht es jedoch den Menschen, mehr von ihren Fähigkeiten und Neigungen auszuleben. Außerdem hilft sie, in der oft militärisch ausgetragenen Konkurrenz von Ländern um Macht und Einfluss zu bestehen.

BIP-Wachstum ist nicht gleich Wohlstand

Auch wenn es die Menschen nicht unbedingt glücklich macht, gibt es für Wirtschaftspolitiker gute Gründe, danach zu streben, dass die Wirtschaft wächst und die Einkommen steigen. Das heißt aber keinesfalls, dass das Bruttoinlandsprodukt der beste oder auch nur ein guter Maßstab für wirtschaftlichen Fortschritt ist. Unter den zahlreichen Einwänden gegen das BIP sind die beiden folgenden besonders wichtig:

- Es ignoriert unerwünschte Nebenwirkungen einer wirtschaftlichen Aktivität für die Gesellschaft.

- Es unterscheidet nicht danach, wer das zusätzliche Einkommen verdient und wie es eingesetzt wird.

Nebenwirkungen werden ausgeblendet

Das Bruttoinlandsprodukt stieg, als der Ölkonzern BP die Ölplattform Deep Water Horizon im Golf von Mexiko baute und sie in den Folgejahren betrieb. Es stieg weiter, als die Plattform explodierte, den Golf mit Öl verseuchte und Milliarden aufgewendet werden mussten, um die Strände zu reinigen und sonstige Schäden einzudämmen. Dennoch wäre die Menschheit insgesamt besser dran, wenn die Plattform nie gebaut worden wäre.

Beispiel:

 In den USA ist die Kriminalität deutlich höher als hierzulande. Das ist gut für das BIP-Wachstum. Ein sehr großer Anteil der Unterschicht, die sonst kaum etwas zum Wirtschaftsleben beitragen würde, wird von einer riesigen Gefängnisindustrie betreut, deren Leistungen das BIP steigern. Ein US-Bürger, der sich eine teure Sicherungs- und Alarmanlage leisten kann, ist deshalb nicht wohlhabender als ein um die Kosten dieser Anlage ärmerer Deutscher, der eine solche Anlage gar nicht braucht und froh ist, dass er sich nicht selbst einsperren muss.

Eine Gesellschaft, die viel Geld ausgibt, um Umweltschäden zu reparieren und sich gegen Kriminalität zu schützen, ist schlechter dran als eine, die etwas weniger Geld zur Verfügung hat, aber solche Ausgaben erst gar nicht tätigen muss. Verteidiger des BIP-Konzepts führen an dieser Stelle gerne an, dass das Bruttoinlandsprodukt eben nicht dazu da sei, Aktivitäten zu bewerten, sondern allein, die Wirtschaftsaktivität zu messen. Das ist richtig. Aber ebenso richtig ist, dass das Bruttoinlandsprodukt in Politik, Presse und Öffentlichkeit als entscheidender Maßstab für wirtschaftlichen Erfolg und Wohlstand eines Landes angesehen wird.

Simon Kuznets, der 1934 das System der Volkswirtschaftlichen Gesamtrechnung entwickelte, aus dem das Bruttoinlandsprodukt hervorging, sagte schon damals, das BIP solle keinesfalls als Wohlstandsmaß missverstanden werden. Gedacht war es nur als Maß, das Schwankungen der wirtschaftlichen Aktivität und damit möglichen Handlungsbedarf für die Wirtschaftspolitik anzeigen sollte.

Die Verteilung wird ignoriert

Wenn das Bruttoinlandsprodukt steigt, können die Menschen eines Landes insgesamt mehr Güter und Dienstleistungen konsumieren. Für das Bruttoinlandsprodukt ist es allerdings gleichgültig, wer die Einkommen bezieht. In Wirklichkeit hat das aber einen großen Einfluss darauf, wie positiv eine Steigerung des BIP zu bewerten ist, jedenfalls wenn man Wert auf eine möglichst weitgehende Entwicklung der menschlichen Potenziale legt. Die Wohlhabenden können ihre Potenziale schon sehr weitgehend ausschöpfen. Mehr Geld verändert daran kaum noch etwas. Es sind v.a. die Ärmeren, die durch Geldmangel an der Entfaltung ihrer Potenziale gehindert werden.

Beispiel:

 Wer wohlhabend ist, kann sich eine gute Gesundheitsversorgung leisten. Wenn ein Wohlhabender sein Vermögen noch steigert, wird er dadurch nicht wesentlich gesünder. Bezieht aber ein Armer mehr Einkommen, kann das seinen gesundheitlichen Zustand deutlich verbessern und seine Lebenserwartung verlängern.

Wenn das Wirtschaftswachstum dazu führt, dass ohnehin schon Reiche noch reicher werden, während große Bevölkerungsteile arm bleiben oder gar verarmen, trägt es nichts zur besseren Ausnutzung der menschlichen Potenziale bei. Für die Berechnung des BIP ist es unerheblich, ob dem bestverdienenden Hedge-Fonds-Manager 5 Mrd. US-Dollar zufließen oder ob 100 Mio. Menschen, die von einem Dollar am Tag leben, jeweils 50 US-Dollar bekommen. Im Hinblick auf das Wohlergehen der Menschheit besteht zwischen beiden Alternativen allerdings ein riesiger Unterschied.

Wer allerdings eher die Sichtweise Mandelvilles einnimmt, wonach es allein auf Reichtum und Stärke der Gesellschaft insgesamt ankommt, mag das anders sehen. Doch mehrheitlich gilt die Auffassung, dass es dem Zusammenhalt und Gedeihen einer Gesellschaft nicht gut tut, wenn die Einkommen immer weiter auseinander driften.

Das BIP zu steigern greift zu kurz

In der Praxis taugt das Bruttoinlandsprodukt durchaus als Näherungswert für den materiellen Wohlstand eines Landes. Der Umstand, dass das Bruttoinlandsprodukt je Einwohner in den Industrieländern mit rund 30.000 US-Dollar rund zehnmal so hoch ist wie im Durchschnitt der Entwicklungsländer, sagt viel über das relative Wohlstandsniveau dieser Ländergruppen aus. Wächst das Bruttoinlandsprodukt wie in China im ersten Jahrzehnt dieses Jahrtausends Jahr für Jahr um fast zehn Prozent pro Jahr, so kann man durchaus mit einiger Zuversicht behaupten, dass es sehr vielen Chinesen inzwischen materiell merklich besser geht.

Doch die Tatsache, dass sich das Bruttoinlandsprodukt und der Wohlstand eines Landes zumeist grob in die gleiche Richtung entwickeln, bedeutet nicht, dass man die Steigerung des BIP zum Ziel der Wirtschaftspolitik erheben sollte. Denn in all den Fällen, in denen wirtschaftliche Aktivitäten schädliche Nebenwirkungen und ungünstige Verteilungswirkungen haben, sollte man abwägen, ob der Gewinn an Bequemlichkeit oder der sonstige mögliche Vorteil diese schädlichen Nebenwirkungen wirklich aufwiegt.

Beispiel:

 Ein Ökonom empfiehlt der Regierung, die Mobilität der Arbeitnehmer zu fördern. Sie soll dafür sorgen, dass diese bereit sind, dorthin zu ziehen, wo sie eine Arbeit finden. Das hilft der Wirtschaft und steigert tendenziell die Wirtschaftsleistung. Zu bedenken sind jedoch die Nebenwirkungen. Mehr Mobilität bedeutet weniger sozialen Zusammenhalt und vielleicht mehr Kriminalität. Das treibt zwar tendenziell das BIP weiter an, was aber in diesem Fall ein schlechter Maßstab wäre. Die Bürger müssen unabhängig vom BIP entscheiden, in welcher Art von Gesellschaft sie leben wollen.

Ein anderes Beispiel ist in Zeiten der Erderwärmung inzwischen in fast jedermanns Bewusstsein angekommen. Wenn den Unternehmen das Recht genommen wird, nach Belieben Kohlendioxid in die Luft zu blasen, dann dämpft das die Wirtschaftsleistung. Für das langfristige Wohl oder gar das Überleben weiter Teile der Menschheit kann es jedoch ungemein wichtig sein. Im Hinblick auf das Ziel, das BIP zu steigern, wäre es ein Fehler.

Dabei handelt es sich nicht um einen Konflikt zwischen Ökonomie und Ökologie, sondern nur um einen Konflikt zwischen falsch messender Ökonomie und Ökologie. Denn korrekt wäre es, die negativen Nebenwirkungen bei der Berechnung der Wirtschaftleistung in einer Vermögensrechnung abzuziehen, so wie ein Unternehmen neben der Gewinn- und Verlustrechnung eine Bilanz seiner Vermögenswerte führt. Es weist Einnahmen, die in gleicher Höhe das Vermögen mindern, nicht als Gewinn aus. Nur die Steigerung einer vernünftig gemessenen Wirtschaftsleistung sollte Ziel der Politik sein.

> Das BIP als Erfolgsmaß zu verwenden ist so, als würde man in der Gewinn- und Verlustrechnung eines Unternehmens jeden Einnahmeüberschuss als Gewinn verbuchen, auch wenn er nur dadurch entsteht, dass keine Rücklagen für die Neuanschaffung abgenutzter Maschinen gebildet werden und Reparaturen unterbleiben. Eine Unternehmensleitung, die einen so definierten Gewinn nach oben zu treiben versucht, handelt zum Nachteil des Unternehmens. Ebenso wenig ist es sinnvoll, die Steigerung des BIP zum Ziel der Wirtschaftspolitik zu erklären.

Ein Leben ohne BIP

Stellen wir uns einmal vor, es würde kein Bruttoinlandsprodukt errechnet, so wie es bis in die 1930er-Jahre hinein der Fall war. Wie würden der Wohlstand und der Erfolg der Wirtschaftspolitik eines Landes dann gemessen?

- Es gäbe kein einheitliches Wohlstands- und Erfolgsmaß. Das wäre auch angemessen, denn es gibt keine objektiven Kriterien dafür, wie man Bildungsstand, Einkommen, Einkommensverteilung, Sicherheit, sozialen Zusammenhalt, Arbeitslosigkeit, Arbeitsplatzsicherheit und vieles mehr in einer Zahl zusammenfassen könnte.

- Erfolgsmessungen und internationale Vergleiche würden einzeln jene Faktoren messen, die den Menschen wichtig ist. Solche Vergleiche gibt es schon heute, aber sie stehen oft tief im Schatten des missverstandenen Bruttoinlandsprodukts.

Internationale Wohlstandsvergleiche können ganz anders ausfallen als der irreführende Wohlstandsvergleich über das Bruttoinlandsprodukt. Diesem zufolge sind die USA die mit Abstand reichste unter den großen Volkswirtschaften. Aber:

- Amerikaner müssen dafür viel mehr arbeiten als Deutsche. Insbesondere haben sie weniger Urlaub.

- Die durchschnittliche Lebenserwartung von US-Bürgern ist niedriger als jene der Europäer.

- Der Gesundheitszustand der US-Amerikaner ist schlechter, obwohl die Gesundheitsbranche einen sehr viel höheren Anteil zur Wirtschaftsleistung beisteuert. Das heißt: Ihr tatsächlicher Ertrag in Form von Gesundheit ist viel geringer als der gemessene Beitrag zum BIP.

- US-Amerikaner wenden deutlich mehr Zeit für das Pendeln zur Arbeit auf, eine Tätigkeit, die den Menschen Umfragen zufolge am wenigsten Spaß macht.

- Kein Land der Welt verwahrt so viele seiner Bürger im Gefängnis wie die USA. Der prozentuale Anteil von Gefängnisinsassen an der Gesamtbevölkerung liegt um ein Mehrfaches höher als in Europa. Das ist ein Indiz für hohe Unsicherheit der Bürger und für große soziale Spannungen.

Die Tatsache, dass die USA bei einem Vergleich zahlreicher Wohlstandsmaße schlechter abschneiden als beim Bruttoinlandsprodukt, erklärt sich daraus, dass die Einkommen in den USA so ungleich verteilt sind wie in nur wenigen anderen Industrienationen. Im Zeitraum von 1990 bis 2010 kam fast der gesamte (inflationsbereinigte) Einkommenszuwachs den reichsten zehn Prozent aller Amerikaner zugute, wobei das reichste Prozent am meisten und das reichste Tausendstel am allermeisten profitierte.

Den Bürgern, die ihrer Regierung und der Opposition am Wahltag ein Zeugnis ausstellen, fehlt nichts, wenn sie die Höhe des Bruttoinlandsprodukts nicht kennen. Sie wissen, wie viel Geld sich in ihrer Lohntüte befindet. Statistiken zur Lohnentwicklung und zur Einkommensverteilung ermöglichen es ihnen zu beurteilen, wie sich ihr Einkommen relativ zu anderen entwickelt.

Auch ob die Arbeitslosigkeit steigt oder fällt und wie hoch die Geldentwertung ist, merken sie ohne Rückgriff auf das BIP. Niemand muss diese verschiedenen Erfolgs- oder Misserfolgskriterien für sie zu einem einzigen Maßstab zusammenfassen. Das machen sie mit ihrem Kreuz auf dem Wahlzettel.

Das Bruttoinlandsprodukt ist als allgemeines Wohlstandsmaß nicht nur untauglich, sondern auch entbehrlich. Die Bürger können am Wahltag darüber entscheiden, welche Wirtschaftspolitik ihren persönlichen Wohlstand und ihr Wohlbefinden am besten fördert. Alles andere gaukelt eine Objektivität vor, die es nie geben kann. Eine solide wirtschaftliche Entwicklung wird sich positiv auf die Wahlchancen einer Regierung auswirken, aber nur, wenn sie diese Entwicklung in einem umfassenden Sinne versteht, nicht als bloße Steigerung des BIP.

Kann man den Wachstumszahlen vertrauen?

Auch wenn es vielleicht gut wäre, wenn das BIP von der Bildfläche verschwände, wird es uns noch lange erhalten bleiben. Daher ist hier noch eine eindringliche Gebrauchswarnung angebracht. Beim Zusammenzählen der vielen Tausend verschiedenen Produkte und Dienstleistungen, die in das Bruttoinlandsprodukt einfließen, tritt eine Komplikation auf: Unterschiedliche Produkte kann man nur über ihren Wert addieren. Der Wert aber setzt sich aus Preis und Menge zusammen. Werden die Autos lediglich teurer, dann ist damit kein echtes Wachstum verbunden. Wenn in einem Jahr eine Million Autos hergestellt und zu je 9.000 EUR verkauft wurden und im nächsten ebenfalls eine Million des gleichen Fabrikats zu 9.900 EUR, dann ist der Gesamtwert zwar um zehn Prozent gestiegen, es wurden aber nicht *mehr* Autos produziert. Bei realer Berechnung ist das Wachstum also null. Dieses reale Wachstum ist die Wachstumszahl, die wir in der Zeitung lesen oder in den Nachrichten hören.

> **Reales Wirtschaftswachstum** ist die nominale bzw. wertmäßige Zunahme des Bruttoinlandsprodukts abzüglich der Preissteigerungsrate.

Inflationsbereinigung enthält Willkür

Die Bereinigung von Preisen um die Teuerungsrate mag einfach klingen, ist in der Praxis aber sehr kompliziert und eröffnet vielfältige Ermessensspielräume, für die es keine objektiv richtige Lösung gibt. Die folgende Tabelle erklärt zunächst das Grundprinzip der Inflationsbereinigung. Die Statistiker stellen den Preis eines Produkts oder einer Dienstleistung im ersten und im zweiten Jahr sowie den Umsatz in beiden Jahren fest.

	Preis pro Stück		Umsatz	
	Jahr 1	Jahr 2	Jahr 1	Jahr 2
Autos	9.000	9.900	800.000	960.000
Computer	90	81	100.000	100.000
Haarschnitte	10	10	500.000	525.000
Summe			**1.400.000**	**1.585.000**

Entwicklung von Preisen und Umsätzen in EUR (Beispiel)

Daraus ermitteln sie die Preissteigerung und den Umsatzanstieg für jedes Gut. Die prozentuale Umsatzsteigerung abzüglich der Preissteigerung ist der reale Produktionsanstieg.

	Preis-änderung	Umsatz-änderung	Produktions-anstieg
Autos	+ 10 %	+ 20 %	+ 10 %
Computer	– 9 %	0 %	+ 9 %
Haarschnitte	0 %	+ 5 %	+ 5 %
Durchschnitt	**5 %**	**+ 13 %**	**8 %**

Ermittlung des realen Produktionsanstiegs (Beispiel)

Da man Autos, Haarschnitte und Computer nicht zusammenzählen kann, geschieht das über den Umsatz. Um die durchschnittliche Produktionssteigerung zu errechnen, wird der

Umsatz von Autos im ersten Jahr um den realen Umsatzanstieg erhöht (800.000 EUR + 10 %); ebenso verfährt man bei Computern (100.000 EUR + 9 %) und Haarschnitten (500.000 EUR + 5 %). Schließlich wird die Summe der drei Produktionswerte (1.514.000 EUR) durch den Produktionswert im Ausgangsjahr (1.400.000 EUR) geteilt. Das ergibt 1,08 oder einen Anstieg um acht Prozent in realer Betrachtung, also unter Herausrechnung der durchschnittlichen Preissteigerungsrate, die in diesem Fall bei fünf Prozent liegt.

Eine Komplikation besteht darin, dass Autos und viele andere Produkte mit der Zeit immer besser, manche aber schlechter werden. Das diesjährige Auto für 9.900 EUR ist vielleicht voll verzinkt und hält daher länger als das für 9.000 EUR im letzten Jahr, zudem hat es mehr Airbags. Doch wie lässt sich die Preissteigerung in Inflation und Entgelt für Produktverbesserungen aufteilen? Die Statistiker haben ausgeklügelte Techniken dafür entwickelt. Sie werden das schon im Großen und Ganzen richtig machen, möchte man meinen. Doch auf die Frage, was „richtig" ist, gibt es keine objektive Antwort.

Manipulation gehört dazu

Je mehr von den Preissteigerungen auf Qualitätsverbesserungen zurückgeführt wird, desto geringer ist die Inflationsrate und desto höher das reale Wachstum. Aus Sicht der Regierungen, denen die Statistiker direkt oder indirekt unterstellt sind, steht fest, was richtig ist: jener Wert, der das Wirtschaftswachstum als möglichst hoch erscheinen lässt. Und so lässt sich, wie ich an anderer Stelle ausführlicher dargelegt habe (Häring 2010), bei so gut wie allen statistischen Reformen der letzten Jahrzehnte eine Gemeinsamkeit beobachten: Die vom nominalen Wachstum abzuziehende Inflationsrate war nach der Reform niedriger, die reale Wachstumsrate erschien dadurch höher. Es gab noch eine Gemeinsamkeit. Bei fast allen Reformen profitierte das gemessene Wachstum der USA überdurchschnittlich stark von den Reformen. Das ist kein Zufall, denn die USA können mit ihrer großen wirtschaftlichen und politischen Macht Fakten schaffen. Sie ändern die statistischen Methoden zu ihrem Vorteil, und der Rest der Welt zieht nach, um nicht als übermäßig wachstumsschwach dazustehen und die Vergleichbarkeit der Statistiken zu wahren.

Dabei stellen die einzelnen Änderungen an den statistischen Methoden meist durchaus Verbesserungen dar. Die Verzerrung liegt darin, dass „Verbesserungen", die zu einem höheren gemessenen Wachstum und zu einer niedrigeren gemessenen Inflation führen, mit sehr viel höherer Wahrscheinlichkeit umgesetzt werden als mögliche Verbesserungen, die den gegenteiligen Effekt hätten.

Beispiel:

 Während bei Computern auf Drängen der US-Regierung heute viel genauer geprüft wird, ob es Qualitätsverbesserungen gab, ist bei Qualitätsverschlechterungen öffentlicher Dienstleistungen das Gegenteil der Fall. Wo früher etwa die Produktionsmenge von Schulen und Krankenhäusern anhand der Ausgaben für Lehrer oder Ärzte ermittelt wurde, werden heute Schülerjahre und behandelte Krankheiten gemessen. Wenn aus Lehrermangel Stunden ausfallen, Klassen größer werden und die Krankenhäuser die Patienten aufgrund von Sparzwängen früher heimschicken, dann spielt das statistisch für die Produktionsmessung keine Rolle.

Es gibt sehr wenige Ökonomen, die sich mit solchen Themen befassen. Die Regierungen können recht ungeniert die Statistiken zu ihrem Vorteil beeinflussen. Ob das jährlich einen halben Prozentpunkt beim Wachstum ausmacht oder einen ganzen, ist schwer zu beziffern.

Gut geschätzt ist halb revidiert

Die Wachstumsstatistiken sind noch mit einem weiteren Problem behaftet: Die Produktion der vielen Hunderttausend Unternehmen wird nicht exakt erfasst. Sehr vieles wird einfach geschätzt. Allein der Schätzfehler, der sich aus Diskrepanzen verschiedener möglicher Berechnungsweisen des BIP ergibt, ist so groß, dass die Statistiker sich genieren, ihn offen auszuweisen. Stattdessen verstecken sie ihn in einer Größe, die „Veränderung der Lagerbestände" heißt. Der tatsächliche Lageraufbau muss in der Tat zum BIP gezählt werden, denn die produzierten, aber noch nicht verkauften Güter stellen ja produzierte Werte dar. Anders als der Name glauben macht, werden in den Lageraufbau aber alle statistischen Ungereimtheiten und Differenzen gebucht, um diese zu kaschieren.

Im Nachhinein, wenn z.B. zusätzliche Informationen aus der Steuerstatistik verfügbar sind, werden die Wachstumszahlen immer wieder korrigiert, zum Teil beträchtlich. Das BIP-Wachstum von Vierteljahr zu Vierteljahr sieht nach ein oder zwei Jahren oft ganz anders aus als zu der Zeit, in der es erstmals veröffentlicht wurde. Vieles von dem, was an Interpretation und Kommentierung der jeweils jüngsten Wachstumszahlen in den Zeitungen zu lesen ist, stellt sich später als Schätzfehler der Statistiker heraus, der korrigiert wird.

Beispiel:

> Bis Ende Juli 2011 galt, dass die US-Wirtschaft im Halbjahr bis
> März 2011 mit einer Jahresrate von 2,5 % gewachsen war –
> nicht überragend, doch für die USA, wo die Bevölkerung um 1 %
> pro Jahr zunimmt, ganz ordentlich. Dann wurden die Daten
> revidiert und es waren nur noch 1,3 %. Man musste sich plötzlich
> nicht mehr wundern, dass die Arbeitslosigkeit so hartnäckig hoch
> geblieben war. Hätte man gleich die Arbeitslosigkeit als Maß für
> die Wirtschaftslage genommen, hätte man deutlich richtiger
> gelegen.

Aber die BIP-Zahlen sind nicht nur ungenau, sie sind auch
stark in eine Richtung verzerrt, zumindest in den USA. In den
zehn Jahren bis zum 1. Quartal 2011 wurden die vierteljähr-
lichen Wachstumsraten (auf Jahresraten hochgerechnet) bei
der ersten Mitteilung in 25 Fällen zu hoch und nur in 15
Fällen zu niedrig ausgewiesen. Die erste Schätzung und die
beiden nächsten, die im Monatsabstand folgen, sind diejenigen, auf die Finanzfachleute und Medien achten. Einmal im
Jahr wird dann grundlegend revidiert, für mehrere Jahre rück-
wärts. Und dabei stellt sich dann regelmäßig heraus, dass das
Wachstum niedriger lag als in den ersten Meldungen angegeben. Im Durchschnitt betrug die Überschätzung des Wachstums in den genannten 40 Quartalen einen halben Prozentpunkt. Statt durchschnittlich 2,1 %, wie nach den ersten
Meldungen, betrug das Wachstum nur durchschnittlich 1,6 %.
Je niedriger das Wachstum, desto stärker wird es mit den
ersten Meldungen überzeichnet. Beweise dafür, dass die Regierung die Hand im Spiel hatte, gibt es nicht. Die besonders
deutliche Überschätzung in den Quartalen vor den Präsident-
schaftswahlen 2004 und 2008 spricht aber auch nicht dage-

gen. In Europa, wo Manipulation oder Beeinflussung durch einzelne Regierungen deutlich schwieriger ist, weil die Daten international harmonisiert und kontrolliert werden, schlagen die Revisionen etwas öfter nach oben als nach unten aus.

> Zahlen zum Wirtschaftswachstum werden im Interesse der Regierungen so erhoben, dass das gemessene Wachstum möglichst hoch ausfällt. Außerdem gibt es eine hohe Anfälligkeit für Schätzfehler und daher zum Teil beträchtliche nachträgliche Revisionen.

Wie entsteht Wachstum?

Es ist keineswegs selbstverständlich, dass die Wirtschaft stetig wächst und die Gesellschaft immer wohlhabender wird. Während des rund 1.000 Jahre währenden Mittelalters fand keine nennenswerte wirtschaftliche Entwicklung statt und der Lebensstandard der Menschen verbesserte sich nur sehr langsam und mit großen Rückschlägen. Erst mit Einzug der Renaissance entstand in einzelnen Ländern und Gebieten so etwas wie verbreiteter Wohlstand. Einen großen Schub gab es dann noch einmal Mitte des 19. Jhd. mit der zweiten industriellen Revolution. Seitdem hat sich der Lebensstandard zumindest in den Industrieländern laufend erhöht, und zwar so gewaltig, dass ein durchschnittlicher Arbeiter in Deutschland heute weitaus komfortabler lebt als mancher König im ausgehenden Mittelalter.

Möglich wurde dies durch Spezialisierung und Massenproduktion in Verbindung mit technischen Neuerungen und Verbesserungen. Wer immer etwas tut, lernt dadurch dazu und nutzt Möglichkeiten, mit demselben Aufwand mehr zu erreichen oder auch dasselbe Ergebnis mit geringerem Aufwand zu erzielen, mit anderen Worten: eine Effizienzsteigerung herbeizuführen.

Stadtluft macht frei – und reich

Nicht alle Tätigkeiten sind gleichermaßen geeignet, technischen Fortschritt zu produzieren. Je mehr Maschinen eingesetzt werden, desto mehr Ansatzpunkte gibt es für Verbesserungen. Außerdem spielt die Wirtschaftsstruktur eine Rolle. Je mehr Hersteller verschiedener Produkte miteinander in engem Kontakt stehen, desto mehr besteht die Chance, voneinander zu lernen, neue Produkte oder Produktionsmethoden zu erfinden und die Abläufe zu verbessern. Keimzellen des wirtschaftlichen Fortschritts sind daher seit jeher die Städte, da dort viele verschiedene Tätigkeiten in enger räumlicher Verbindung stattfinden.

Beispiel:

 Eine frühe und wichtige technische Neuerung waren Webstühle. Durch die teilweise Mechanisierung des Webens konnte ein Mensch sehr viel mehr Textilien pro Stunde herstellen als ohne diese Hilfe. Dadurch konnte das Grundbedürfnis der Menschen nach Kleidung billiger befriedigt werden. Dazu musste zum einen der Webstuhl erfunden werden, zum anderen musste jeder Hersteller so große Mengen produzieren, dass sich der Kauf eines Webstuhls lohnte.

Technische Neuerungen und industrielle Massenproduktion treiben sich also gegenseitig an. Wer z.B. erst einmal einen Webstuhl besaß, der konnte große Mengen billiger Textilien produzieren. Dadurch verdrängte er diejenigen, die Textilien noch von Hand herstellten. Produzenten, die Webstühle besaßen, vereinten immer mehr Nachfrage auf sich und konnten immer billiger produzieren. Je mehr sie absetzen konnten, desto eher lohnte es sich für sie, Zeit und Geld in die Entwicklung oder den Kauf von noch besseren Webstühlen zu investieren, mit denen sie dann noch mehr Textilien noch billiger produzieren und ihre weniger fortschrittlichen Konkurrenten verdrängen konnten (siehe die folgende Abbildung).

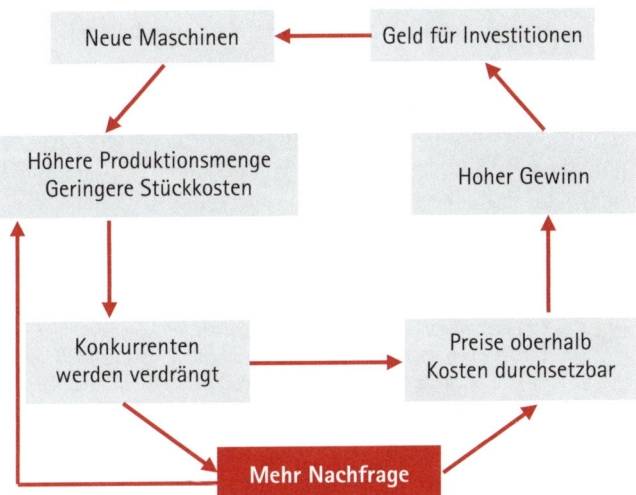

Mechanisierung und Massenproduktion setzen sich durch

Viele Maschinen und Produktionstechniken lassen sich so abwandeln, dass sie für ganz unterschiedliche Zwecke eingesetzt werden können. Wenn in einer Stadt oder Region verschiedene Industrien ansässig sind, befruchten diese sich technologisch gegenseitig.

> **Kostendegression** bedeutet, dass die Stückkosten mit zunehmender Produktionsmenge sinken. Dazu kommt es, weil von der Produktionsmenge unabhängige Fixkosten auf eine größere Produktmenge umgelegt werden können oder weil bei größeren Produktionsmengen mehr Spezialisierung und Automatisierung in der Produktion möglich ist.

Heutzutage ist die *Kostendegression* durch Spezialisierung und industrielle Massenproduktion so weit fortgeschritten, dass wir nur noch Minuten arbeiten müssen, um etwa eine elektrische Taschenlampe oder eine billige Armbanduhr zu kaufen, die sich vor 100 Jahren nur reiche Leute hätten leisten können. Die meisten von uns wären ziemlich hilflos, wenn sie allein mit dem, was sie selbst wissen und können, auskommen müssten. Viel mehr als eine primitive Form des Überlebens käme dabei nicht heraus, obwohl wir es gemeinsam geschafft haben, Raumsonden zum Mars zu schicken.

Beispiel:

 Im Science-Fiction-Roman „Per Anhalter durch die Galaxis" strandet Arthur Dent auf einem Planeten, dessen Bewohner in Zelten leben und Bisons jagen. Er kann zwar Raumschiffe steuern und nutzt ganz selbstverständlich die fortschrittlichsten Technologien, hat aber wegen der ausgeprägten Spezialisierung und Arbeitsteilung in seiner fortgeschrittenen Zivilisation selbst wenig nutzbare technische Kenntnisse. Daher wird er in dem primitiven Stamm, der ihn aufnimmt, nicht etwa Techniker und Erfinder, sondern „erfindet" lediglich das Büffel-Sandwich und erwirbt sich Ansehen als Sandwichmacher.

Lange Zeit bot allein die Industrie großen Spielraum für kostengünstige Massenproduktion. Der Begriff „Industrie" selbst entstand, um genau dieses Phänomen zu beschreiben: die Produktion von Waren mit einem hohen Grad an Mechanisierung und Automatisierung in großen Mengen. Damit unterscheidet sich die Industrie vom Handwerk, wo kleinere Stückzahlen mit viel mehr Handarbeit und mit geringerem Einsatz an Maschinen gefertigt werden, ebenso wie von der traditionellen Landwirtschaft. Heute gehören auch unternehmensnahe Dienstleistungen und die Informationstechnologie zu den Wachstumstreiber n, in denen bei Massenproduktion starke Kostendegression auftritt.

Eine Hierarchie der Wachstumstreiber

Die Wirtschaftsbereiche lassen sich grob in eine Hierarchie einteilen, die ihre Bedeutung als Treiber des Wirtschaftswachstums abbilden. Ganz unten stehen solche, in denen die *Wertschöpfung* und die Vorteile der Massenproduktion begrenzt sind, ein geringes Potenzial für technischen Fortschritt besteht und die Löhne und der Kapitaleinsatz niedrig sind. Am anderen Ende stehen Branchen mit hoher Wertschöpfung, hohen Löhnen, raschem technischem Fortschritt und hohem Kapitaleinsatz.

Wertschöpfung bezeichnet die Schaffung von Wert durch Einsatz von Arbeit, meist in Verbindung mit dem Einsatz der weiteren **Produktionsfaktoren** Kapital (Maschinen, Werkzeuge, Gebäude) und Boden. Die Wertschöpfung ist der Wert des Endprodukts abzüglich des Wertes der bezogenen Vorleistungen. Die Arbeitnehmer erhalten daraus Löhne, der Besitzer der Produktionsmittel beziehen daraus Gewinn und einen Ausgleich für die Abnutzung von Gebäuden und Maschinen, und der Grundbesitzer erhält daraus Pacht und Miete.

Auch die industriefernen Wirtschaftsbereiche wie Landwirtschaft und Kleingewerbe profitieren von der Industrie. So geht der beträchtliche Produktivitätsfortschritt in der Landwirt-

schaft v.a. auf Produkte der chemischen Industrie (Kunst-
düngern, Insekten-, Pilz- und Unkrautvernichtungsmittel)
und des Maschinenbaus zurück.

Begrenzte Größenvorteile, scharfe Preiskonkurrenz	Hohe Größenvorteile, geringe Preiskonkurrenz
Landwirtschaft	Informationstechnologie
Bergbau	Telekommunikation
Tourismus	Industrie
Kleingewerbe	Finanzwirtschaft
haushaltsorientierte Dienstleistungen	unternehmensnahe Dienstleistungen

Größenvorteile nach Wirtschaftsbereichen

Technischer Fortschritt macht reicher

Die Nutzung von Größenvorteilen ist nur einer von mehreren
Gründen dafür, dass wir es in der Vergangenheit geschafft
haben und weiterhin schaffen, mit gegebenem Einsatz immer
mehr zu produzieren oder das Gleiche mit weniger Arbeitseinsatz herzustellen, also die Produktivität zu steigern.

Produktivität (der Arbeit) ist die erzeugte Gütermenge im Verhältnis zum
Einsatz an Arbeit. Produziert man bei gleichem Arbeitseinsatz mehr, ist
die Produktivität gestiegen. Dasselbe gilt, wenn man die gleiche Menge
mit geringerem Arbeitseinsatz erzeugt. Die Arbeitsproduktivität steigt
auch, wenn man mehr Kapital einsetzt, z.B. Arbeitsplätze mit zusätzlichen oder besseren Maschinen ausstattet.

Historisch betrachtet war der Übergang zur (mechanisierten) Massenproduktion der große Wachstumstreiber. Inzwischen müssen wir, was solche Produktivitätssprünge angeht, kleinere Brötchen backen. Aber der Produktivitätsfortschritt setzt sich laufend fort, weil die Menschen bei dem, was sie tun, stetig dazulernen. Wenn sie ein Gut eine Weile auf eine bestimmte Weise produziert haben, fällt ihnen eine Möglichkeit ein, das Gleiche besser, schneller oder mit weniger Arbeitseinsatz zu tun, also ihre Produktivität zu steigern. Dazu gehört auch (aber nicht nur), dem Computer manche Dinge zu überlassen, die man vorher weniger gut mit der eigenen Hand beziehungsweise mit dem Kopf steuerte. Deshalb steigt die Menge an Waren und Leistungen, die die Menschen mit gegebenem Arbeitseinsatz erzeugen können, also die Produktivität, normalerweise von Jahr zu Jahr um ein bis zwei Prozent.

Wachstum durch Fruchtbarkeit

Die Wirtschaft wächst nicht nur, wenn die Produktivität der Arbeitenden steigt, sondern auch, wenn die Anzahl der Arbeitenden und der Konsumenten zunimmt. Diese Art des Wachstums ist allerdings anders beschaffen als die von Produktivitätsfortschritten erzeugte Wachstumsvariante. Während letztere uns wohlhabender macht, weil wir pro Kopf mehr erzeugen (oder bei gleichem Wohlstandniveau mehr Freizeit bekommen), ändert Wachstum im Gleichschritt mit der Bevölkerungszunahme erst einmal nichts an den pro Kopf zur Verfügung stehenden Gütern und Leistungen. Das ist unter anderem wichtig, wenn man die Höhe des Wachstums heranzieht, um den Erfolg einer Wirtschaftspolitik zu beurteilen. Ein Land wie die USA, in dem die Erwerbsbevölkerung um etwa ein Prozent pro Jahr wächst, kann sein Wohlstandsniveau und sein Beschäftigungsniveau nur heben, wenn es die Produktion um ein Prozent pro Jahr mehr steigert als Deutschland, wo die Erwerbsbevölkerung stagniert.

Bevölkerungszunahme macht reich ...

Bevölkerungswachstum führt zwar tendenziell zu einem etwa gleich großen Wachstum der Wirtschaft. Wenn allerdings das Bevölkerungswachstum eine Ausweitung wichtiger Märkte herbeiführt, welche industrielle Massenproduktion rentabler macht, dann kann Bevölkerungswachstum der Steigerung des Wohlstands durchaus dienlich sein. Vor Beginn der Bevölkerungsexplosion gegen Ende des 19. Jhd. war deshalb auch die Mehrung der Bevölkerung für viele Regierungen ein wichtiges Ziel. Das galt in Europa, aber auch in China, wo man sich das heute kaum noch vorstellen kann.

... oder arm

Umgekehrt kann Bevölkerungswachstum zu Verarmung führen, wenn Wirtschaftsbereiche dominieren, in denen die Produktivität mit zunehmender Produktionsmenge irgendwann abnimmt, etwa die Landwirtschaft und der Bergbau. Allein davon, mehr Schafe zu züchten, wird die Produktion des einzelnen Schafs nur unwesentlich billiger. Weil die landwirtschaftliche Nutzfläche begrenzt ist, sinkt sogar nach einer Weile die Produktivität mit zunehmender Produktion. Denn die besten Böden werden zuerst genutzt. Will man die Produktion ausweiten, muss man entweder mehr Schafe auf der gleichen Fläche weiden lassen, wodurch sie weniger Futter finden, oder neue Flächen dazunehmen, die i.d.R. weniger gut geeignet sind als die schon genutzten. Versucht man, Menschen allein mit Landwirtschaft zu ernähren, so wird das mit zunehmender Bevölkerung immer schwieriger. Beim Abbau natürlicher Bodenschätze verhält es sich ähnlich. Die am einfachsten abzubauenden Lager werden zuerst erschlossen. Baut man mehr ab, so wird das in aller Regel pro Tonne Kohle oder pro Gramm Gold teurer, weil man tiefer graben oder weniger konzentrierte Vorkommen aussieben muss.

Beispiel:

 In Deutschland und einigen anderen europäischen Ländern reichen die Geburten nicht mehr, um die Sterbefälle auszugleichen. Die Bevölkerung schrumpft, was weithin als größeres wirtschaftliches Problem angesehen wird. In Afrika dagegen gilt die Bevölkerungsvermehrung als eines der größten wirtschaftlichen Probleme.

Afrika kommt einem sofort in den Sinn, wenn vom Problem der Überbevölkerung die Rede ist, doch in Wirklichkeit handelt es sich um ein Problem der Unterentwicklung. Es fehlt in den meisten afrikanischen Ländern die Industrie, die in der Lage wäre, von dem wachsenden Heimatmarkt und dem großen Arbeitskräftepotenzial zu profitieren.

Konjunktur und Wachstum

Um mehr Arbeitskräfte in der Produktion einsetzen zu können, ist nicht unbedingt eine höhere Geburtenrate erforderlich. Es genügt schon, die vorhandenen Arbeitskräfte besser auszulasten, indem man offene Arbeitslosigkeit abbaut oder Arbeitskräfte aus der Reserve holt, etwas Hausfrauen oder entmutigte Arbeitslose, oder unfreiwillig Teilzeitbeschäftigte länger arbeiten lässt. In der Praxis kommt es dauernd zu Schwankungen im Auslastungsgrad der Arbeitskräfte und, damit einhergehend, des Produktionskapitals, also der Maschinen und Gebäude. Eine vorübergehende Unterauslastung von Arbeitskräften und Kapital kann auf zweierlei Weise entstehen:

- Die Nachfrage sinkt, etwa weil die Konsumenten weniger zuversichtlich werden und daher ihr Geld beisammen halten, anstatt zu kaufen, oder weil der Export zurückgeht.

- Die Produktion verteuert sich, etwa weil importierte Rohstoffe wie Öl teurer werden, sodass ein Teil der Produktion nicht mehr rentabel ist.

Umgekehrt werden Arbeit und Kapital stärker eingesetzt, wenn die Nachfrage steigt oder die Produktion sich verbilligt. Hierbei handelt es sich im Prinzip um ein zyklisches Auf und Ab. Die Ökonomen bezeichnen dieses zyklische Auf und Ab der Wachstumsraten als *Konjunkturschwankungen*.

> **Konjunktur** heißen die Schwankungen des Wirtschaftswachstums um einen langfristigen Trend herum. Wenn etwa die Wirtschaft im langjährigen Durchschnitt mit 1,5 % oder 2 % pro Jahr wächst, dann herrscht ab etwa 2,5 % Hochkonjunktur, bei etwa 0,5 % oder darunter Rezession. Konjunkturelle Schwankungen der Wirtschaftsleistung verändern den Auslastungsgrad der Produktionsfaktoren.

Diese konjunkturellen Schwankungen der Wachstumsraten werden von Ökonomen als etwas grundsätzlich anderes betrachtet als Wachstum im Sinne einer Ausweitung des *Produktionspotenzials* oder *Potenzialwachstum*.

> **Produktionspotenzial** nennen die Ökonomen die Produktionsmenge, die man bei gegebenem Stand der Technik bei normaler Auslastung der Produktionsfaktoren erzielen kann. Das Produktionspotenzial steigt, das heißt, es liegt ein Potenzialwachstum vor, wenn die Anzahl der Arbeitskräfte oder der Kapitalstock zunehmen oder wenn die Produktivität steigt.

Wenn man von Unterauslastung oder Überauslastung spricht, muss man berücksichtigen, dass die Produktionsfaktoren (Arbeit und Kapital) im Normalbetrieb nicht zu 100 % ausgelastet sind. So erheben die Statistiker durch Umfragen regelmäßig die „Kapazitätsauslastung" in der Industrie. Sie liegt bei normaler Konjunkturlage i.d.R. um 80 %. Das heißt, die Betriebe könnten, wenn die Nachfrage anzieht, bis zu einem Viertel mehr produzieren, ohne in neue Maschinen und Anlagen investieren zu müssen. Das können sie tun, indem sie die Maschinen länger laufen lassen oder bisher brachliegende Maschinen anfahren, indem sie die Arbeitszeit der Beschäftigten erhöhen, die Intensität der Arbeit steigern oder zusätzliche Arbeitnehmer einstellen.

Die Trennung in Konjunktur (Auslastungsschwankungen) und Wachstum (Steigerung des Produktionspotenzials) ist in der Realität bei weitem nicht so scharf, wie die Ökonomen es gerne darstellen. Das konjunkturelle Auf und Ab kann sich über Rückkopplungen in die eine oder die andere Richtung verfestigen. So hat in den drei Jahrzehnten bis etwa 2005 jede neue Rezession zu einer dauerhaften Erhöhung der Arbeitslosigkeit geführt, welche nachfolgend das Wachstumspotenzial drückte (siehe die folgende Abbildung).

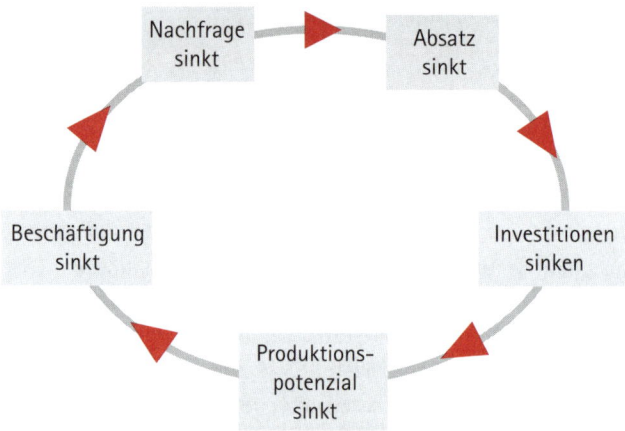

Wie aus Konjunkturschwäche Wachstumsschwäche wird

Umgekehrt führt eine Ausweitung des Produktionspotenzials durch zusätzliche Investitionen dazu, dass mehr Einkommen entsteht. Dadurch steigen die Nachfrage und die Zuversicht der Verbraucher sowie der Investoren und das erhöhte Produktionspotenzial wird noch besser ausgelastet (siehe die folgende Abbildung).

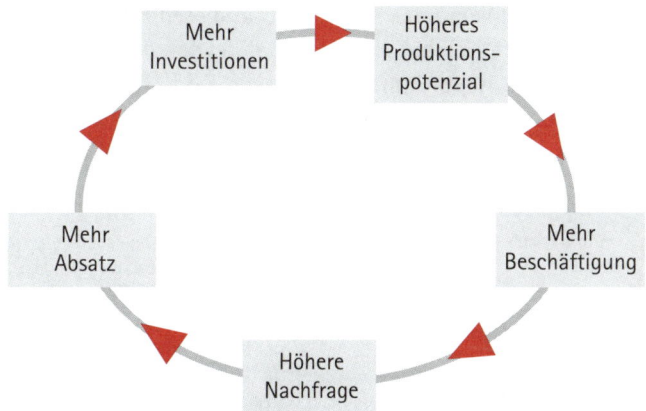

Wie Wachstum und Konjunktur sich gegenseitig antreiben

Wenn es keine gegenläufigen, ausgleichenden Einflussfaktoren gäbe, würden solche Rückkopplungsprozesse entweder zum Zusammenbruch von Wirtschaften oder zu explosionsartigem Wachstum führen.

Ein wichtiger ausgleichender Faktor sind die Löhne. Wenn die Beschäftigung zunimmt, steigen normalerweise auch die Löhne, und umgekehrt. Das verteuert die Produktion, erhöht allerdings auch die Nachfrage. Die Frage, wie wirksam solche ausgleichenden, gegenläufigen Effekte innerhalb des freien Wirtschaftsgeschehens verhindern, dass sich Wirtschaftswachstum oder -schrumpfung immer stärker selber antreiben, ist eine der bedeutsamsten Konfliktlinien innerhalb der Ökonomie.

Die einen, die kein großes Vertrauen in diesen Mechanismus haben, berufen sich auf John Maynard Keynes, der dem Staat eine wichtige Rolle beim Ausgleich von Wirtschaftsschwankungen zuschrieb. Keynes zufolge wirken dabei zum einen *automatische Stabilisatoren*, zum anderen gezielte Maßnahmen der Wirtschaftspolitik.

> **Automatische Stabilisatoren** sind staatliche Ausgaben wie Arbeitslosengeld, die im Abschwung automatisch steigen und im Aufschwung sinken, sowie staatliche Einnahmen, die im Abschwung sinken und im Aufschwung steigen, wie das bei den meisten Steuern und Sozialabgaben der Fall ist. Auf diese Weise entzieht der Staat, wenn er die Regeln und sonstigen Ausgabenpläne nicht ändert, der Wirtschaft im Aufschwung Geld und führt ihr im Abschwung zusätzliche Mittel, das heißt Nachfrage, zu.

Aktiv begegnen kann der Staat einem Wirtschaftsabschwung, indem er sich im Rahmen eines Konjunkturprogramms entscheidet, mehr Geld auszugeben, z. B. für Straßenbau und Sanierung von Gebäuden. Das tat die deutsche Regierung etwa mit zwei Konjunkturprogrammen in den Krisenjahren 2009 und 2010. Zu den Maßnahmen gehörte auch eine sog. Abwrackprämie, mit der Autofahrer ermutigt wurden, sich neue Fahrzeuge zu kaufen.

Kritiker der an Keynes orientierten Wirtschaftspolitik und -theorie setzen darauf, dass die Wirtschaft von selbst wieder ins Gleichgewicht findet, und/oder bezweifeln, dass der Staat tatsächlich in der Lage ist, Wirtschaftsschwankungen auszugleichen. Eines ihrer wichtigsten Argumente lautet, dass es zu lange dauere, bis ein Konjunkturprogramm verabschiedet sei und das Geld tatsächlich fließe. Zudem führen sie an, dass der Staat ohnehin zu stark zum Geldausgeben neige.

Eine andere Möglichkeit, wirtschaftspolitisch gegen Konjunkturschwankungen vorzugehen, liegt darin, im Abschwung mehr und billigeres Geld bereitzustellen und es im Aufschwung knapper beziehungsweise teurer zu machen. Mit den entsprechenden Instrumenten werden wir uns im Kapitel „Geld" befassen.

Richtet Wachstum die Erde zugrunde?

Der *Club of Rome* legte 1972 seine millionenfach verkaufte Studie zu den „Grenzen des Wachstums" vor. Sie kam zu dem Ergebnis, dass das Wachstum der Weltwirtschaftsleistung vor Ende des 21. Jhd. an die Grenzen der Belastbarkeit unserer Erde und ihrer Ressourcen stößt. Mit anderen Worten: Unsere Enkel und Urenkel müssten mit stagnierendem Wohlstand rechnen, weil wir und unsere Kinder bis dahin viele natürliche Bodenschätze weitgehend aufgebraucht haben. Diese Stagnation fände zwar auf höherem Niveau statt. Aber das gilt nur für die Weltbevölkerung insgesamt. Wenn die heute noch armen Länder wachsen und dabei auch mehr natürliche Ressourcen verbrauchen, könnte das für unsere Enkel in den Industrieländern einen rückläufigen Wohlstand bedeuten.

Gleichzeitig fragen sich viele Menschen, ob nicht schon infolge der raschen Bevölkerungsexpansion die Kapazität der Erde, alle Menschen zu ernähren, bald überschritten sein wird. Schließlich sterben schon jetzt viele Millionen Menschen pro Jahr an Hunger. Die globale Erderwärmung, die seit den

1990er-Jahren stark spürbar geworden ist und von der angenommen wird, dass sie größtenteils auf unsere wirtschaftliche Aktivität zurückgeht, verschärft die Situation und heizt die Diskussion um die Grenzen des Wachstums an.

Immer mehr Menschen sind zu ernähren

Die Weltbevölkerung wächst kräftig. Lag sie im Jahre Null Schätzungen zufolge noch bei rund einer drittel Milliarde, so hat sie 2011 die Marke von sieben Milliarden Menschen überschritten. Dabei hat sich der Zeitraum, in dem eine neue Milliarde hinzukommt, von Hunderten von Jahren auf rund ein Dutzend Jahre verringert.

Jahr	Größe der Weltbevölkerung
0	0,2–0,4 Mrd.
1805	1 Mrd.
1927	2 Mrd.
1960	3 Mrd.
1974	4 Mrd.
1987	5 Mrd.
1999	6 Mrd.
2011	7 Mrd.
2050	9,3 Mrd. (UN-Prognose 2011)

Entwicklung der Weltbevölkerung (Quelle: Bundeszentrale für politische Bildung und UN)

Thomas Malthus (1766–1834) behauptete eine Gesetzmäßigkeit, wonach die Bevölkerung schneller wachse als die Nahrungsmittelproduktion. Nur Hungersnöte, Seuchen und Kriege könnten die Überbevölkerung in Grenzen halten, so Malthus. So betrachtet ist es schon bemerkenswert, dass sich die Bevölkerung der Erde seit Malthus' Zeiten auf über sieben Milliarden erhöhen und damit etwa versiebenfachen konnte.

Wenn dagegen Berechnungen von Peter Süßmilch stimmen, der 1741 die Tragfähigkeit der Welt mit 14 Milliarden Menschen angab – und auch heute noch deutet vieles darauf hin, dass er recht hatte –, dann kann unser Planet noch weitere sieben Milliarden Menschen ernähren. Würde die Weltbevölkerung wie seit 1987 in jeweils gut zwölf Jahren um eine Milliarde steigen, wären wir etwa zur nächsten Jahrhundertwende an der Belastbarkeitsgrenze angelangt.

Doch damit ist nicht zu rechnen. Nach einer Studie der UN aus dem Jahr 2011 ist die Geburtenrate der Weltbevölkerung von Anfang der 1950er- bis Ende der 1990er-Jahre von fünf Kindern auf 2,7 Kinder je Frau zurückgegangen. Die Bevölkerungsabteilung der Vereinten Nationen prognostiziert, dass diese Ziffer wahrscheinlich bis 2040–2050 auf rund zwei Kinder je Frau fallen wird. Die jährliche Wachstumsrate der Weltbevölkerung ist von ihrem Höhepunkt um zwei Prozent in den 1960er-Jahren auf etwas über ein Prozent zurückgegangen, mit weiter sinkender Tendenz.

Das liegt v. a. daran, dass die Geburtenrate mit zunehmendem Wohlstand sinkt, und zwar so stark, dass auch bei Berücksichtigung der sinkenden Kindersterblichkeit das Bevölkerungswachstum nachlässt. Einen entscheidenden Anteil an dieser Entwicklung haben auch verbesserte und breiter verfügbare Verhütungsmethoden. Inzwischen ist das natürliche Bevölkerungswachstum (ohne Zuwanderung) in den meisten Industrieländern negativ. Die chinesische Regierung wollte darauf nicht warten und hat 1979/1980 eine Ein-Kind-Regel verfügt, die in dem mit über 1,3 Mrd. Menschen bevölkerungsreichsten Land der Erde das Bevölkerungswachstum stark gedrosselt hat.

Die malthusianische Falle greift also nur in bestimmten Weltregionen, derzeit v.a. in Afrika, wo die Bevölkerung stark wächst und Hungerkatastrophen und Kriege immer wieder Millionen von Menschen das Leben kosten.

Genügend Lebensmittel, um sieben Milliarden Menschen und wenn nötig auch noch viele mehr zu ernähren, stehen bereit. Die Hungernden können sie sich nur nicht leisten.

> Die Kapazität der Erde zur Produktion von Nahrungsmitteln ist groß genug, um noch einige Milliarden Menschen mehr zu ernähren. Das Wachstum der Weltbevölkerung wird heutigen Prognosen zufolge enden, bevor die Nahrungsmittel knapp werden. Das Hungerproblem ist ein Problem zu geringer Einkommen großer Gruppen in vielen Entwicklungsländern.

Der Güterkonsum stößt an Grenzen

Eine andere drängende Sorge ist, ob die Erde auch fortgesetztes Wirtschaftswachstum bei großer, aber stagnierender Bevölkerung verkraften kann. V. a. scheint eine akute Gefahr zu bestehen, dass die Erde immer wärmer und das Wetter deshalb immer extremer wird. Wissenschaftler führen das maßgeblich auf den Einfluss von Treibhausgasen zurück. Diese entstehen v.a. bei der Verbrennung von Öl, Kohle, Benzin und sonstigen Energierohstoffen. Konsumgüter sind, wenn man alle Produktionsstufen einschließlich des damit verbundenen Verkehrs zusammenrechnet, energieintensiv und damit klimaschädlich. Je mehr Waren produziert und verbraucht werden, desto schlechter ist das für das Klima. Im Gegensatz dazu verursacht der Konsum von Dienstleistungen, der ebenfalls zur Wirtschaftsleistung zählt, zumeist nur geringe Umweltprobleme.

Sofern Wachstum also im Mehrkonsum von Dienstleistungen und virtuellen Gütern besteht, stellt es ökologisch kein oder nur ein geringes Problem dar. Dasselbe gilt für arbeitsintensive Verbesserungen an bestehenden Produkten. Wenn die Lebensdauer eines Autos mit zusätzlichen Arbeitsschritten verlängert wird, trägt das zum Wirtschaftswachstum bei, vermindert aber sogar die Umweltbelastung, die mit dem automobilen Verkehr verbunden ist.

Dasselbe gilt für aufwändige Verbesserungen der Ökobilanz von Gütern, die erforderlich werden, weil die Kundschaft darauf achtet oder der Gesetzgeber es vorschreibt. Wenn etwa ein Katalysator eingebaut wird, zählt die Mehrproduktion zum Wirtschaftswachstum, die Umweltbilanz des Autos wird dadurch verbessert. In den reichen Industrienationen kann man sich immerhin vorstellen, dass durch die zunehmende Verlagerung des Konsums weg von den Waren und durch technische Anstrengungen zur Verbesserung der Ökobilanz der produzierten Waren ein umweltneutrales oder gar positives Wachstum entstehen könnte.

> Wachstum muss nicht schlecht für die Umwelt und das Klima sein. Arbeitsintensive Produkte, Dienstleistungen, die Verbesserung bestehender Produkte und die Produktion von Gütern, die Umweltschäden beheben, erhöhen ebenfalls die Wirtschaftsleistung und schaden der Umwelt wenig oder nützen ihr gar.

Der Anschein, Ökonomie und Ökologie seien Gegensätze, erklärt sich wie bereits erwähnt v.a. daraus, dass die Ökonomen die Wirtschaft und damit auch das Wirtschaftswachstum auf das verengt haben, wofür es einen Marktpreis gibt. Der Verbrauch von Ressourcen und Umweltqualität aber wird bisher nur selten mit einem Preis beziffert.

Wachstum im Sinne einer Verbesserung der Lebensbedingungen in einem umfassenden Sinn wäre nie auf gefährliche Weise umweltschädlich. Das gilt jedenfalls dann, wenn man Schäden, die bei Bewohnern anderer Länder verursacht werden, mit einbezieht.

Internationale Koordination ist nötig

Die große Mehrheit der Erdbevölkerung ist weit davon entfernt, die Sättigungsgrenze beim Warenkonsum zu erreichen. Je wohlhabender die Menschen in den armen Ländern werden, desto mehr von ihnen wollen Auto, Wachmaschine, Spülmaschine, größere Wohnungen, Elektrizität und sonstige Segnungen der Zivilisation genießen. Doch wenn die Mehrheit der Weltbevölkerung sich dem Konsumniveau der Industrieländer annähern würde, wäre der Verbrauch von Rohstoffen und Energie um ein Vielfaches höher als derzeit.

Darin liegt der große politische Konflikt, der die Lösung der Klimaproblematik so erschwert. Verantwortlich für das Klimaproblem sind die Industrieländer. Die Entwicklungsländer sträuben sich, auf eine Hebung ihres materiellen Lebensstandards zu verzichten, um die Umweltsünden der Industrieländer zu kompensieren. Sie halten es für die Pflicht der Industrieländer, ihr hohes Verbrauchsniveau abzusenken, damit die Erde ein anständiges Konsumniveau der Menschen in den Entwicklungsländern verkraften kann.

Menschen neigen dazu, ihre Standards hinsichtlich dessen, was sie für fair halten, auch danach auszurichten, was ihnen selbst nutzt. Wer in der Vergangenheit viel Schaden angerichtet hat, neigt zu der Sichtweise, dass allein die Zukunft zählt, die anderen halten die Vergangenheit moralisch durchaus für relevant. Wer viel hat, neigt eher zu der Vorstellung, jeder solle gleich viel beitragen. Wer wenig hat, hält eher einen prozentual ausgeglichenen Verzicht für fair. Das sorgt dafür, dass globale Klimaverhandlungen in einer Welt, in der eine Gruppe von Ländern zehn Mal so reich ist wie die andere und schon seit 150 Jahren große Mengen an Schadstoffen in die Luft bläst, so ungemein schwierig sind.

Beispiel:

 Die Wirtschaftsforscher Tavoni, Dannenberg u. a. (2011) haben in einem Experiment nachgewiesen: Wenn Gruppen, die gemeinsam einen vorgegebenen Betrag für „Klimaschutz" aufbringen sollten, alle gleich viel Spielgeld hatten, gelang es ihnen deutlich häufiger, sich auf die Beiträge der einzelnen Mitglieder zu einigen und die ausgelobte Belohnung zu erhalten, als wenn die Ausgangsverteilung ungleich war.

Wenn es jedoch keine Einigung auf internationaler Ebene gibt, können Marktprozesse die Anstrengungen einzelner Staaten oder einzelner Bürger teilweise oder sogar vollständig zunichtemachen.

Wenn z. B. die deutsche Regierung den Unternehmen teure Energiesparmaßnahmen auferlegt, sinkt dadurch die Nachfrage nach Energie und damit auch deren Preis. Dadurch können alle anderen Länder billiger energieintensive Produkte herstellen und konsumieren. Wenn die energieintensiven Produkte nach Deutschland exportiert werden können, verlieren die deutschen Produzenten Marktanteile, der Konsum energieintensiv hergestellter Produkte geht aber nicht einmal in Deutschland zurück.

> Ohne internationale Vereinbarungen könnten nationale Anstrengungen zum Klimaschutz verpuffen, weil andere sich die Preiswirkungen des Verzichts des Vorreiters zunutze machen und mehr produzieren oder konsumieren.

Umweltpioniere machen Gewinn

Es gibt allerdings einen wichtigen Grund, der dafür spricht, dass sich Alleingänge in Sachen Umweltschutz auszahlen können. Wenn durch Vorschriften zum Umweltschutz ein großer heimischer Markt für umweltschonende technische Neuerungen entsteht, der anderenorts fehlt, dann haben heimische Hersteller einen Vorteil auf diesem Gebiet. Sie können bei Produktion und Vermarktung dieser Techniken Erfahrung sammeln und eine Größe erreichen, die ihnen eine kostengünstige Produktion erlaubt, bevor Anbieter in anderen Ländern überhaupt in Erscheinung treten. Wenn weitere Länder mit ähnlichen Vorschriften nachziehen, haben die heimischen Anbieter einen beträchtlichen Vorsprung und können dort dauerhaft Marktanteile gewinnen.

Beispiel:

 Durch die frühe Nutzung der Windenergie hatten deutsche Rotoren laut Sawhney und Kahn (2011) 1989 einen Anteil von über einem Drittel an den Importen der USA. Bei Solarzellen, deren Einsatz seit einigen Jahren kräftig gefördert wird, stieg der deutsche Marktanteil bis 2010 auf fast 20 %.

Gerade in Deutschland, das eine Vielzahl technisch hochstehender, exportorientierter Unternehmen besitzt, ist dieser Vorteil nicht zu unterschätzen.

Wenn die Umweltschutzanstrengungen eines Vorreiters technologischer Art sind, kann das Land durch seine Vorreiterrolle einen Startvorteil in einer Zukunftstechnologie erlangen.

Mehr Freizeit schützt die Umwelt

Es gibt neben der Umweltqualität einen wichtigen Aspekt des menschlichen Wohlbefindens, der nicht in die Wachstumsmessung eingeht: die Freizeit, oder wie die Ökonomen gerne sagen: der Konsum von Freizeit.

Wenn sich die Menschen dort, wo die materiellen Grundbedürfnisse in hohem Maße erfüllt sind, entscheiden (können), statt immer höheren Konsums immer weniger zu arbeiten, so ist das schlecht für das gemessene BIP-Wachstum, aber gut für den Wohlstand in einem vernünftigen definierten Sinne. Für die Umwelt ist es hervorragend.

Auf einen Blick: Wachstum

- Das Bruttoinlandsprodukt (BIP) ist kein Wohlstandsmaß, sondern ein Aktivitätsmaß. Nützliche und schädliche Aktivitäten werden nicht unterschieden. Daher sollte die Mehrung des BIP nicht zum Ziel erhoben werden.

- Wohlstandsmehrung ist erstrebenswert, da sie der Entfaltung der menschlichen Potenziale, dem sozialen Frieden und der Stärkung der Gesellschaft dient.

- Neben Einkommenszunahme erhöht auch mehr Freizeit bei gegebenem Einkommen den Wohlstand.

- Wohlstandszunahme schafft Umweltprobleme und verbraucht Ressourcen, wenn sie durch Konsum von mehr Gütern entsteht, nicht aber, wenn sie auf dem Konsum von besseren Gütern, Dienstleistungen und Freizeit beruht.

- Die Welt kann noch viele zusätzliche Menschen ernähren. Es gibt kein Problem der Überbevölkerung, sondern der Unterentwicklung.

Wettbewerb

Konkurrenz belebt das Geschäft, lautet eine gängige Wirtschaftsweisheit. Aber sie stimmt nur bedingt, denn tatsächlich ist mehr Wettbewerb nicht immer die bestmögliche Lösung. Doch wie kann man feststellen, ob in einer bestimmten Branche eine große oder eher eine geringe Marktmacht der Produzenten vorzuziehen ist?

In diesem Kapitel erfahren Sie,

- ob die Nachfrage den Preis treibt,
- wie mächtig die Produzenten unter verschiedenen Marktbedingungen sind,
- wann Monopole der Wirtschaft schaden und unter welchen Umständen sie nützlich sein können,
- ob vollkommene Konkurrenz der Idealzustand ist.

Treibt die Nachfrage den Preis?

Angebot und Nachfrage bestimmen den Preis, lautet eine ökonomische Binsenweisheit. Dabei wird unterstellt, dass der Anbieter umso höhere Preise durchsetzen kann, je größer die Nachfrage nach seinem Produkt ist. Das ist zwar oft richtig, stimmt aber längst nicht immer.

Die Regel trifft zu, wenn es um den Handel mit Gütern geht, die schon existieren und nur einmal verkauft werden sollen. Wer auf eBay etwas versteigert, der wird umso mehr dafür bekommen, je größer die Nachfrage ist. Die Regel trifft auch zu, wenn die Stückkosten mit zunehmender Produktionsmenge steigen. Das ist bei natürlichen Ressourcen meist der Fall. Wenn die Nachfrage nach Öl und anderen Rohstoffen steigt und mehr produziert werden soll, dann müssen Lager ausgebeutet werden, die man zunächst beiseitegelassen hatte, weil ihre Ausbeutung als zu aufwändig erschien. Da die Anbieter normalerweise ihre Produktionskosten decken und darüber hinaus noch einen Gewinn erzielen wollen, steigt der Preis mit steigender Nachfrage, wenn diese nur zu steigenden Stückkosten befriedigt werden kann.

Beispiel:

 Bis zum Jahr 2007 wuchsen die Weltwirtschaft und damit die Nachfrage nach Rohstoffen kräftig. Die Preise für Öl, Metalle, Weizen und andere Rohstoffe erreichten Rekordstände. Als 2008 die Weltfinanzkrise ausbrach, fielen die Preise in den Keller. Mit der recht schnellen und nachhaltigen Erholung der Weltwirtschaft zogen die Rohstoffpreise wieder deutlich an.

In der Landwirtschaft ist es ähnlich. Auch hier steigen die Produktionskosten in vielen Fällen mit zunehmender Menge. Wenn mehr produziert werden soll, müssen zusätzliche, meist schlechtere Flächen eingesetzt werden oder man steigert auf gegebener Fläche die Produktion, was mit zunehmender Menge immer schwieriger und teurer wird.

Ganz anders kann es aussehen, wenn bei der Produktion eines Gutes Kostendegression auftritt, wenn also die Kosten mit zunehmender Produktionsmenge sinken. Das ist unter anderem dort der Fall, wo produktionsunabhängige Verwaltungskosten oder Mengenrabatte eine große Rolle spielen, beispielsweise im Einzelhandel. Es gilt auch dann, wenn bei der Produktion Kostenvorteile der Massenfertigung auftreten. So lohnt sich bei hohen Produktionszahlen der Einsatz teurer Maschinen, Roboter und Automaten, während bei kleinen Produktionsmengen mehr langwierige Handarbeit erforderlich ist.

Beispiel:

 Ein Paradebeispiel für sinkende Kosten mit zunehmender Produktionsmenge ist die Automobilindustrie. Ford führte Anfang des 20. Jhd. die Fließbandarbeit ein, die die Produktion stark beschleunigte und dadurch die Kosten drastisch senkte. Voraussetzung war die Produktion in großen Mengen, damit Arbeiter, die auf nur eine Tätigkeit spezialisiert waren, auch ausgelastet werden konnten. Steigende Nachfrage war also Voraussetzung für sinkende Preise.

Ebenfalls möglich und keineswegs selten ist der Fall, dass steigende Nachfrage zunächst zu steigenden, langfristig aber zu sinkenden Preise n führt. Wenn die Produzenten eine kräftig steigende Nachfrage kurzfristig nicht befriedigen können, weil sie mit der Produktion nicht nachkommen, können sie diesen Engpass zunächst in steigende Preise ummünzen. Sobald sie neue Fabriken gebaut, neue Maschinen angeschafft und neue Leute eingestellt haben, können sie aufgrund zusätzlicher Vorteile der Massenproduktion ihre Produkte billiger anbieten.

Beispiel:

 Wenn wie 2008/09 die Nachfrage nach Autos einbricht, sinken die Preise kurzfristig, weil die Hersteller Autos auf Halde produzieren, die verkauft werden müssen. Es gibt kräftige Rabatte. Zieht die Nachfrage wieder an, steigen erneut die Preise. Sollte die Nachfrage dauerhaft niedrig bleiben, würden die Preise aber ebenso wieder steigen, weil die Produzenten ihre Produktionskapazitäten nach unten anpassen würden und deshalb keine Kampfpreise mehr anbieten müssten.

Ein Team von Ökonomen um Alan Blinder (1998) hat Spitzenmanager von 200 amerikanischen Unternehmen dazu befragt, wie sich ihre Produktionskosten mit zunehmendem Umsatz entwickeln. Das Ergebnis: Bei neun von zehn Unternehmen fallen die Kosten der Produktion einer zusätzlichen Produkteinheit mit steigender Menge oder bleiben zumindest gleich, nur bei jedem zehnten steigen sie.

Wie mächtig sind Produzenten?

Die Preiskonkurrenz unter den Anbietern ist v.a. dort hoch, wo die Vorteile der Massenproduktion schon bei relativ niedrigen Produktionsmengen (im Verhältnis zum Gesamtmarkt) nicht mehr greifen oder gar in Nachteile umschlagen. Denn dann gibt es sehr viele kleine und mittlere Anbieter, die zu mehr oder weniger identischen Kosten produzieren und sich gegenseitig Konkurrenz machen. Das ist z.B. in der Landwirtschaft oft der Fall.

Wenn die Produktionskosten je Stück dagegen bis zu sehr großen Produktionsmengen immer weiter sinken, dann ist die Preiskonkurrenz deutlich geringer. Denn wer in Großserie herstellt, dem können Kleinanbieter kaum noch Konkurrenz machen. Entsprechend gibt es nur eine begrenzte Anzahl großer und sehr großer Anbieter, die sich gegenseitig kaum Konkurrenz machen. Sie haben dann *Marktmacht.*

> **Marktmacht** haben Produzenten, wenn der Wettbewerb gering ist. Dann können sie den Preis nach oben treiben, indem sie die Angebotsmenge klein halten.

Ein anderer wichtiger Faktor für die Schärfe der Konkurrenz sind die Markteintrittsbarrieren. Je mehr Kapital man einsetzen muss, desto schwieriger und gefährlicher wird es für Neulinge, in einen Markt einzutreten. Sie müssen Banken oder Investoren überzeugen, ihnen viel Geld zu leihen, ohne dass sie Erfahrung und ein erprobtes Geschäftsmodell vorweisen könnten. Sie müssen in der Lage sein, jahrelange Verluste zu verkraften, bis sie so viele Kunden gewonnen haben, dass sie ihre teuren Maschinen und Anlagen voll auslasten können. Chemieunternehmen oder Automobilbauer müssen aus diesem Grund kaum den Markteintritt neuer Konkurrenten fürchten, wenn sie zu hohe Preise verlangen, Friseure und Kneipiers dagegen schon.

Auch die Transportkosten spielen eine Rolle für die Intensität des Wettbewerbs. Je höher sie sind, desto eher kann ein Unternehmen von Kunden in seiner Nähe einen höheren Preis verlangen, ohne dass diese zu räumlich weiter entfernten Konkurrenten abwandern. Die Bauwirtschaft ist ein Beispiel für eine Branche, in der hohe Transportkosten den Wettbewerb beschränken.

Eine ähnliche Wirkung auf die Schärfe des Wettbewerbs hat Produktdifferenzierung. Wer eine Handcreme oder ein Auto anbietet, dem die Kunden einzigartige Eigenschaften oder ein bestimmtes Image zuschreiben, der kann seinen Stammkunden höhere Preise abverlangen, ohne dass diese gleich zu einem Konkurrenten wechseln. Vielleicht werten sie den hohen Preis sogar als zusätzliches Indiz für die hohe Qualität ihrer Lieblingsmarke. In den meisten Branchen unternehmen die führenden Anbieter große Anstrengungen, um durch Werbung und die Ausgestaltung ihrer Produkte mit mehr oder weniger sinnvollen Besonderheiten eine größere Produktdifferenzierung herzustellen.

Eine extreme Form der Produktdifferenzierung ist der Schutz durch Patente. Wer ein neuartiges Produkt erfindet, der kann sich für einige Jahre Patentschutz sichern und ist damit in starkem Maße vor Konkurrenz geschützt.

Zusammenfassend ist also der Wettbewerb umso schwächer,

- je größer die Vorteile der Spezialisierung und Massenproduktion,
- je höher die Kapitalintensität der Produktion,

- je höher die Transportkosten,

- je stärker die Produktdifferenzierung und

- je größer die Rolle von (patentierbaren) Innovationen.

Schwache Preiskonkurrenz unter den Anbietern schlägt sich nicht nur in hohen Gewinnen nieder. In aller Regel zahlen, wie wir im Kapitel „Arbeit" noch sehen werden, Branchen mit geringerer Wettbewerbsintensität deutlich höhere Löhne und Gehälter als andere Branchen. Dann profitieren auch die Arbeitskräfte vom eingeschränkten Wettbewerb.

In der Praxis ist beim überwiegenden Teil aller Branchen mindestens ein Grund für eingeschränkten Preiswettbewerb gegeben, oft sind es gleich mehrere. So sind z.B. der Fahrzeugbau und noch stärker der Maschinenbau geprägt von hoher Kapitalintensität, großen Vorteilen der Spezialisierung, sehr ausgeprägter Produktdifferenzierung und einem großen Innovationspotenzial. Von seiner starken Stellung in solchen Branchen rührt Deutschlands Wohlstand und das relativ hohe Lohnniveau.

In Beantwortung der Eingangsfrage (Wie mächtig sind Produzenten?) muss man feststellen, dass in den meisten Branchen die Anbieter über einige Marktmacht verfügen. Es wäre jedoch zu leicht, dies als grundsätzliches Problem zu betrachten, denn die Faktoren, die erforderlich sind, um Wirtschaftswachstum und Wohlstand hervorzubringen, nämlich Massenproduktion, Spezialisierung und Innovation, sind gleichzeitig jene Faktoren, die den Wettbewerb zwischen den Anbietern dämpfen. Das eine ist nicht ohne das andere zu haben.

Sind Monopole schlecht?

Gar kein Preiswettbewerb findet statt, wenn ein Anbieter über ein *Monopol* verfügt.

> Ein **Monopolist** ist ein Unternehmen, das als einziger Anbieter an einem Markt auftritt. Der Name kommt aus dem Griechischen und bedeutet „ein (einziger) Verkäufer".

Der Preis, den ein Monopolist verlangen kann, wird nicht von der Überlegung begrenzt, dass Kunden zu Konkurrenten abwandern könnten, sondern nur von der Möglichkeit, dass Kunden bei höheren Preisen weniger oder ab einer gewissen Höhe gar nichts mehr von dem Produkt kaufen.

Meist gibt es Ersatzgüter, auf die man ausweichen kann, aber diese stellen nicht unbedingt einen gleichwertigen Ersatz dar. Microsoft besitzt mit Windows so etwas wie ein Fast-Monopol auf Benutzeroberflächen für Computer. Kunden können zwar auf Apple-Produkte oder auf frei programmierte Alternativen wie Linux ausweichen. Da aber nur ein kleiner Teil der Computernutzer von dieser Möglichkeit Gebrauch macht, ist die Marktmacht von Microsoft beträchtlich und der Gewinn des Unternehmens entsprechend hoch.

Monopole entstehen dort, wo die Faktoren, die den Wettbewerb dämpfen, besonders ausgeprägt sind, z.B. wenn die Kosten mit zunehmender Produktionsmenge stark sinken und die zusätzlichen Größenvorteile nicht enden, bevor mehr als die Hälfte des Marktes bedient ist. Nur Nischenanbietern gelingt es dann, neben dem Marktführer zu bestehen.

Beispiel:

Wenn ein Computerprogramm erst einmal geschrieben ist, kosten zusätzliche Kopien fast nichts mehr. Es fallen nur noch Vertriebskosten an.

Ein verwandter Grund für die Entstehung von Monopol en oder Fast-Monopolen ist gegeben, wenn ein bestimmtes Produkt umso wertvoller für den Konsumenten wird, je mehr andere Konsumenten genau dieses Produkt nutzen. Ein Paradebeispiel sind Computerprogramme. Wenn ein Anbieter einen Vorsprung bei den Nutzerzahlen erlangt hat, stehen daher seine Chancen gut, diesen Vorsprung immer weiter auszubauen.

Beispiel:

Wer mit einem bestimmten Textverarbeitungsprogramm arbeitet und gelegentlich das Geschriebene mit anderen austauschen will, der hat umso mehr von seinem Programm, je mehr Menschen das gleiche Programm nutzen. Gibt es einen dominierenden Anbieter, ist es selbst für Firmen, die ein besseres oder billigeres Schreibprogramm anbieten, schwer, dem Marktführer Kunden abzujagen. Denn wer ein anderes Programm nutzt, kann das Geschriebene nicht mehr problemlos mit den Nutzern des führenden Programms austauschen.

Bei Computerprogrammen kommen Kostendegression und Vernetzungsvorteile zusammen. Das erklärt die starke Tendenz zur Bildung von (Fast-)Monopolen.

Wenn die Produktionsbedingungen dazu führen, dass die gesamte am Markt absetzbare Menge am kostengünstigsten von nur einem Anbieter produziert werden kann, spricht man von einem *natürlichen Monopol*.

> Ein **natürliches Monopol** ist ein Monopol, das durch die Eigenheiten des Produktionsprozesses entsteht, insbesondere dadurch, dass die Produktion mit zunehmender Produktionsmenge immer billiger wird.

Bei ausgeprägter Kostendegression und Vernetzungsvorteilen bildet sich allerdings ein Monopol nicht unbedingt von selbst heraus. Nischenanbieter können einem dominierenden Anbieter beträchtliche Marktanteile abnehmen und so dessen Kosten in die Höhe treiben. Deshalb hat der Staat früher manchen Unternehmen wie der Post ein gesetzliches Monopol garantiert. Das schloss aus, dass Konkurrenten sich darauf verlegten, bestimmte Leistungen wie den Briefverkehr zwischen großen Städten billiger anzubieten. Dies hätte zur Folge, dass auf manchen Strecken doppelte Fahrten stattfinden und die Stückkosten der Post steigen.

Höhere Preise

Ein Monopolist kann durch Angebotszurückhaltung den Preis nach oben treiben. Die Folge ist, dass Nachfrager nicht bedient werden, die bereit wären, den kostendeckenden Preis für das Gut zu bezahlen.

Ein Zahlenbeispiel kann das am besten verdeutlichen. In der ersten Spalte der folgenden Tabelle stehen mögliche Preise, die ein Unternehmen setzen könnte. (Wir nehmen zur Vereinfachung an, dass nur volle Euro als Preise praktikabel sind.) In der zweiten Spalte ist die Menge angegeben, die das Unternehmen bei dem jeweiligen Preis absetzen kann.

Preis in EUR	Menge	Stückkosten in EUR	Gewinn in EUR
1	1.500	1,60	– 1.000
2	1.000	2,00	0
3	650	2,54	300
4	550	2,82	650
5	460	3,17	840
6	**380**	**3,63**	**900**
7	310	4,23	860

Der gewinnmaximierende Preis des Monopolisten (Beispiel)

Weil es feste Produktionskosten gibt, steigen die in der dritten Spalte angegebenen Stückkosten mit abnehmender Menge. In unserem Beispiel nehmen wir feste Kosten von 1.000 EUR und produktionsabhängige oder „variable" Kosten von 1 EUR je Stück an. Bei einem Preis von 1 EUR werden 1.500 Produkteinheiten abgesetzt. Die Produktion von 1.500 Einheiten schlägt mit 1.000 EUR Fixkosten plus 1.500 EUR an variablen Kosten zu Buche, macht 2.500 EUR oder 1,70 EUR pro Stück. Die Kosten von 2.500 EUR übersteigen bei diesem Preis die Erlöse von 1.500 EUR, sodass ein Verlust von 1.000 EUR entsteht. Bei einem Preis von 6 EUR ist der Gewinn mit 900 EUR am höchsten. Erhöht der Monopolist den Preis auf 7 EUR, steigt zwar sein Gewinn je Stück von 2,37 EUR auf 2,77 EUR, aber der Mengenrückgang schlägt stärker durch, sodass der Gewinn sinkt.

Aus gesellschaftlicher Sicht ist der gewinnmaximierende Preis von 6 EUR viel zu hoch. Zu diesem Preis kaufen nur 380 Kunden das Produkt. Insgesamt 1.000 Menschen wären aber bereit, für das Produkt mindestens den kostendeckenden Preis von 2 EUR zu bezahlen. 620 Menschen, denen das Produkt mehr als 2 EUR, aber weniger als 6 EUR wert ist, bekommen das Produkt nicht. In der Tatsache, dass diese zahlungsbereite Nachfrage nicht bedient wird, liegt ein wichtiger gesellschaftlicher Nachteil eines Monopols.

Preisdifferenzierung als Ausgleichmechanismus

Die Anbieter mit Marktmacht haben selbst einen Trick gefunden, um den gesellschaftlichen Schaden der Monopolpreissetzung gering zu halten und dabei noch zusätzliches Geld zu verdienen. Sofern möglich, verlangen sie von Kunden mit unterschiedlich hoher Zahlungsbereitschaft und Zahlungsfähigkeit unterschiedlich hohe Preise. Wer eine hohe Zahlungsbereitschaft hat, soll auch viel zahlen, lautet die zugrundeliegende Philosophie; wer eine geringe Zahlungsbereitschaft hat, soll das Produkt billiger bekommen.

Beispiel:

Apple brachte sein iPad im Mai 2010 auf den deutschen Markt, in der 64GB-Version für 799 EUR. Schon im März 2011 kam das verbesserte iPad 2 auf den Markt und das iPad 1 wurde um etwa 250 EUR billiger. In immer kürzeren Abständen kamen iPads mit neuen Gimmicks, sodass die Fans immer wieder einen Grund erhielten, für viel Geld ein neues iPad zu kaufen, während die weniger Begeisterten oder Ärmeren die schnell veraltenden Vorgängerversionen relativ günstig erwerben konnten.

Diese Art der Preisdifferenzierung ist natürlich nicht immer möglich, aber wo die Möglichkeit besteht, wird sie sehr gern genutzt. V. a. bei neuen Produkten der Unterhaltungselektronik lässt sich dieser Mechanismus regelmäßig beobachten. Zunächst werden nur kleine Mengen produziert und teuer an diejenigen verkauft, denen es wichtig ist, stets als erste Konsumenten das Beste und Neueste zu besitzen. Dann wird die Produktionsmenge allmählich gesteigert und der Preis immer weiter gesenkt. Auf diese Weise müssen diejenigen, die nicht so viel Geld ausgeben können oder wollen, nur etwas länger warten, bekommen das Produkt dann aber zu einem geringeren Preis. Die Wartebereitschaft dient als Instrument, um die Kunden in solche mit hoher und solche mit niedriger Zahlungsbereitschaft zu sortieren.

Die Alternative: Der Staat greift ein

Wenn ein natürliches Monopol besteht und der Staat die überhöhten Preise nicht tolerieren will, kann er entweder die Preise regulieren oder die Produktion einem staatlichen, nicht gewinnorientierten Monopolunternehmen übertragen.

Bittet ein öffentliches Unternehmen das Produkt im obigen Zahlenbeispiel kostendeckend an, so wird der für die Konsumenten nachteilige Fall, dass Nachfrage nicht befriedigt wird, um ein möglichst hohen Gewinn zu gewährleisten, vermieden. Wir wollen realistischerweise annehmen, dass die mengenabhängigen Produktionskosten des staatlichen Unternehmens um 20 % höher sind als diejenigen des privaten Unternehmens, also bei 1,20 EUR statt bei 1 EUR je Stück liegen. Die festen Kosten von 1.000 EUR bleiben unverändert. In diesem Fall ergibt sich die in der folgenden Tabelle dargestellte Kombination von Preisen, Mengen, Kosten und Gewinn/Verlust.

Preis in EUR	Menge	Stückkosten in EUR	Gewinn in EUR
1	1.500	1,87	– 1.300
2	1.000	2,20	– 200
3	**650**	**2,74**	**170**
4	550	3,02	540
5	460	3,40	748
6	380	3,83	815
7	310	4,42	798

Kostendeckender Preis des staatlichen Monopols (Beispiel)

Wenn das öffentliche Unternehmen nur seine Kosten decken will, dann bekommen 650 Menschen das Produkt zum Preis von 3 EUR – ein besseres Ergebnis als bei einem gewinnmaximierenden Monopol.

Verluste können wünschenswert sein

Senkt der staatliche Monopolist den Preis von 3 EUR auf 2 EUR, so erwirtschaftet er einen Verlust von 200 EUR statt eines Gewinns von 170 EUR, verliert also 370 EUR. Doch weil die Stückkosten bei größerer Absatzmenge sinken, ist der Gewinn der Kunden größer als der Verlust des Unternehmens. Die 650 Menschen, die das Produkt auch beim Preis von

3 EUR bezogen hätten, sparen durch die Preissenkung 650 EUR. Hinzu kommt der Gewinn der 350 Menschen, denen das Produkt nur zwischen 2 EUR und 3 EUR wert ist. Man kann ihn pro Person mit rund der Hälfte der Preisdifferenz ansetzen, also mit etwa 175 EUR. Das heißt: Die Bürger gewinnen 725 EUR, der Staat verliert nur 370 EUR. Kein schlechtes Geschäft aus gesellschaftlicher Sicht.

Der staatliche Monopolist könnte den Preis sogar bis auf die eigenen variablen Produktionskosten von 1,20 EUR pro Stück (ohne Einrechnung der festen Kosten) senken, und der Gewinn der Konsumenten aus der weiteren Preissenkung wäre größer als der Verlust des Unternehmens.

Beispiel:

 Die Bahn ist ein Musterbeispiel für ein natürliches Monopol. Je mehr Menschen und Güter die Züge nutzen, desto billiger kann die Bahn ihre Dienste anbieten. Solange die Bahn Gewinne erzielt, verlangt sie aus gesellschaftlicher Sicht zu hohe Preise.

Man kann also feststellen, dass dort, wo ein Monopol die kostengünstigste Produktionsform ist, ein staatlicher Anbieter oder ein vom Staat regulierter Monopolist oft die sinnvollste Lösung darstellen. Dabei haben wir mit einem recht großzügigen Zuschlag zu den Produktionskosten berücksichtigt, dass der Staat es als Produzent manchmal an Effizienz fehlen lässt.

Innovationsscheue Technik-Monopolisten

Ein Monopol weist noch einen weiteren beträchtlichen Nachteil auf. Der Monopolist hat oft keinen hinreichenden Anreiz, technische Neuerungen zu entwickeln und Neuerungen, die andere entwickeln, schnell umzusetzen. Ein Monopolist neigt dazu, seine bisherigen Anlagen so lange zu nutzen, bis sie am Ende ihrer Lebensdauer angelangt sind, und sie erst dann durch neue Technik zu ersetzen.

Beispiel:

 Trotz der Kostendegression und Netzvorteile in der Telekommunikation hat die Bundesregierung das Monopol des Staatsunternehmens Deutsche Telekom in der Festnetztelefonie aufgehoben und auch im Mobilfunk dafür gesorgt, dass sich mehrere Konkurrenten den Markt teilen mussten. Dennoch sind die Preise für das Telefonieren nach dem Ende des Telekom-Monopols kräftig gefallen.

Wenn es dagegen mehrere Anbieter gibt, nehmen die kleineren und neueren keine Rücksicht darauf, dass die Anlagen des Marktführers entwertet werden, wenn sie eine bessere oder neuartige Technik einsetzen. Neben dem Preiswettbewerb entwickelt sich ein Wettbewerb um die beste Technik, dem sich auch der Marktführer nicht verschließen kann. In Branchen, in denen es ein großes Potenzial für technische Neuerungen gibt, sind Monopole also langfristig sehr problematisch, auch wenn sie kurzfristig durch Nutzung von Größenvorteilen eine kostengünstigere Produktion erlauben.

Monopolisten müssen sich nicht anstrengen

Eine Weisheit unter Ökonomen lautet: „Der schönste Monopolgewinn ist ein ruhiges Leben." Unternehmen, die im Wettbewerb stehen, müssen sich anstrengen, ihre Kunden zufriedenzustellen und sparsam zu wirtschaften. Ein Monopolist muss sich nicht um die Zufriedenheit seiner Kunden kümmern. Wenn in der Organisation etwas nicht rund läuft und es z.B. unnötig lange dauert, bis ein Telefonanschluss „beantragt", „genehmigt" und dann auch noch freigeschaltet ist, dann schadet das einem monopolistischen Telekommunikationsunternehmen kaum. Die Kunden kommen trotzdem, wenn sie keine andere Wahl haben. Ein Unternehmen im Wettbewerb wäre durch einen derartig nachlässigen Service in seiner Existenz gefährdet.

Ein Monopolist muss auch weniger als ein im Wettbewerb stehendes Unternehmen darauf achten, nicht durch eine schlecht organisierte Produktion Geld zu verschwenden. Es verzichtet damit nur auf einen überdurchschnittlich hohen Gewinn, während ein im Wettbewerb stehendes Unternehmen dadurch seine Existenz gefährdet.

Marktmacht treibt die Löhne

Ökonomen neigen dazu, die Bereitschaft von Monopolisten (und allgemein von Unternehmen mit Marktmacht), höhere Löhne zu bezahlen, ähnlich kritisch zu beurteilen wie die Verschwendung von Arbeitszeit oder Material oder die Produktion mangelhafter Waren und Leistungen. Aus der Perspektive des Aktionärs besteht hier zwar kein Unterschied, aus gesellschaftlicher Sicht aber sehr wohl. Denn was die Konsumenten mehr bezahlen müssen oder die Aktionäre weniger an Gewinn bekommen, haben die Arbeiter als Zubrot in der Lohntüte.

Es ist typisch, dass Unternehmen, die aufgrund von Marktmacht einen überdurchschnittlichen Gewinn erzielen, ihre Mitarbeiter auch überdurchschnittlich gut bezahlen. Die höheren Löhne nur als Kostenfaktor zu betrachten, ist aus gesellschaftlicher Sicht falsch. Denn der Gewinn an Einkommen kommt Mitgliedern der Gesellschaft zugute und muss daher als Gegenposten in die Kalkulation einbezogen werden.

Beispiel:

> Wenn die Post oder ein städtisches Busunternehmen ihr Monopol verlieren und danach die Preise sinken, weil Briefträger und Busfahrer bei privaten Konkurrenten geringere Löhne erhalten, dann ist das aus gesellschaftlicher Sicht kein Vorteil, sondern eher ein Nachteil. Denn Busfahrer und Briefträger gehören ohnehin zu den Geringverdienern. Deren Löhne noch zu drücken erhöht nur die Einkommensungleichheit und schafft soziale Probleme, die dann auf andere Weise zu lösen sind.

Monopol oder nicht?

Das Potenzial für technischen Fortschritt ist von Branche zu Branche sehr unterschiedlich ausgeprägt. In der Telekommunikationsbranche ist es hoch. V. a. deshalb war die Abschaffung des staatlichen Monopols in dieser Branche ein sinnvoller Schritt.

Als Gegenbeispiel eines Wirtschaftszweigs, in dem technischer Fortschritt kaum stattfindet, kann die Versicherungswirtschaft herhalten. Gleichzeitig sind die Größenvorteile dort recht ausgeprägt. Der größte Kostenblock eines Versicherers, die Verwaltung, wird pro verkaufte Versicherungspolice immer billiger, je mehr Policen verkauft werden. Die Größenvorteile sprechen also für ein Monopol. Kosten für Werbung, die wenig gesellschaftlichen Ertrag bringen, entfallen ganz, wenn es keinen Wettbewerb gibt. Die Sorge, dass technischer Fortschritt unterbleibt, wenn der Druck zur Umsetzung fehlt, muss man in dieser Branche kaum haben. Außerdem sind Erlöse und Kosten sehr transparent, was Regulierung leicht macht.

Beispiel:

 Kirchgässner (2007) hat die Preise von Immobilienversicherern in verschiedenen Schweizer Kantonen verglichen. Manche Kantone unterhalten ein staatlich verordnetes Monopol für solche Versicherungen, in anderen herrscht Wettbewerb. Obwohl die Policen der kantonalen Monopolisten kostendeckend sind, werden sie bei gleichen Leistungen günstiger angeboten als die Policen in den Kantonen, in denen Wettbewerb herrscht.

Dennoch mussten deutsche Bundesländer, in denen es wie in manchen Schweizer Kantonen Gebietsmonopole für Feuerversicherungen gab, diese Monopole aufgrund des europäischen Wettbewerbsrechts aufgeben. Das könnte, wenn man die Erkenntnisse aus der genannten Schweizer Untersuchung auf diesen Fall überträgt, die Kosten für die Kunden erhöht haben.

Bei den vielen Krankenversicherern in Deutschland muss man sich ebenfalls fragen, ob die Konkurrenz mehr bewirkt, als die

Verwaltungs- und Werbekosten in die Höhe zu treiben, zumal Beiträge und Leistungen ohnehin in hohem Maße staatlich reguliert sind. Kassen, die erfolgreicher sind, verdanken dies oft nur dem Umstand, dass sie es schaffen, gesündere und besser verdienende Kunden anzulocken, während die weniger gewinnträchtigen Kunden den übrigen Kassen überlassen bleiben. Aus gesellschaftlicher Sicht erbringt diese Konkurrenz im Rosinenpicken keinen Ertrag, denn letztlich soll jeder versichert werden. Soweit die Unternehmen für diese Art von Konkurrenz Kosten aufwenden, ist dies aus gesellschaftlicher Sicht ein Verlust.

Beispiel:

 Im Jahr 2011 ging die Krankenkasse City BKK pleite, weil sie zu viele Geringverdienende und kranke Kunden in den Reihen ihrer Versicherten hatte. Andere Krankenkassen versuchten mit Tricks, die Kunden der City BKK davon abzuhalten, zu ihnen zu wechseln.

Ist vollkommene Konkurrenz wünschenswert?

Das Gegenstück zum Grenzfall des Monopols ist die *vollkommene Konkurrenz*. Bei vollkommener Konkurrenz gibt es eine Vielzahl von zumeist relativ kleinen Anbietern, die sich gegenseitig starke Konkurrenz machen. Ein Gewinn, der über die normale Vergütung für Zeit und Aufwand des Unternehmers hinausgeht, lässt sich bei vollkommener Konkurrenz nicht erzielen.

> **Vollkommene Konkurrenz** ist gegeben, wenn sehr viele Anbieter zu den gleichen Stückkosten produzieren und ihr Produkt zu dem Preis verkaufen, zu dem sie eine weitere Einheit des Produkts herstellen können.

Manche Wirtschaftszweige kommen der vollkommenen Konkurrenz näher als andere. Das sind v. a. diejenigen, in denen nur geringe Größenvorteile bestehen oder wo diese früh genug auslaufen, dass sich auf dem Markt viele Anbieter etablieren können.

Beispiel:

 Landwirtschaft und Massentourismus sind Branchen, die in weiten Teilen der vollkommenen Konkurrenz recht nahe kommen. Für Weizen gibt es einen überregionalen oder gar internationalen Marktpreis, den keiner der sehr vielen Anbieter beeinflussen kann. Auch im Massentourismus ist der Wettbewerb sehr scharf. Die Preise innerhalb eines Landes, aber auch zwischen verschiedenen Ländern mit vergleichbarem Angebot, sind oft sehr ähnlich.

Außerdem nähert sich ein Markt der vollkommenen Konkurrenz umso mehr an, je niedriger die Transportkosten ausfallen, je stärker standardisiert die Produkte sind, je niedriger der Kapitaleinsatz ist und je weniger technischen Fortschritt es gibt, den man entweder patentieren oder durch Geheimhaltung schützen kann.

In der Realität gibt es jede Abstufung zwischen fast vollkommener Konkurrenz und reinem Monopol. Die große Mehrheit der Märkte und Branchen bewegt sich irgendwo dazwischen, abhängig von der jeweiligen Kombination von Größenvorteilen, Innovationspotenzial, Transportkosten, Kapitalintensität und Produktdifferenzierung. In dieser Zwischenzone besitzen einzelne Anbieter in ihrem regionalen Haupteinzugsgebiet oder in Bezug auf ihre Stammkunden begrenzte Marktmacht, weil die Kunden nicht so leicht zu anderen Anbietern wechseln wollen oder dies aus unterschiedlichen Gründen nicht können.

Marktmacht hat Vor- und Nachteile

Für Wirtschaftspolitiker stellt sich die Frage, ob sie alles so lassen sollten, wie es ist, oder vielmehr darauf hinwirken sollten, dass sich der Wettbewerb in den einzelnen Branchen eher in Richtung eines vollkommenen Wettbewerbs entwickelt. Wie schon bei der Frage, ob ein Monopol schädlich ist, gibt es auch hier keine allgemeingültige Antwort. Es kommt immer auf den konkreten Fall an.

Ein wichtiger Aspekt in diesem Zusammenhang ist, dass es ohne Marktmacht kaum zu Investitionen und Wachstum kommen wird. Denn wer investiert, geht ein beträchtliches Risiko ein, sein Eigenkapital zu verlieren. Das tut er nur, wenn er im Erfolgsfall einen ansehnlichen Gewinn erwarten kann. In einer Wirtschaftsstruktur mit sehr vielen kleinen Unternehmen, die alle wegen scharfer Konkurrenz wenig Gewinn erzielen, fehlt die Basis für Investitionen, die die Wirtschaftsstruktur verbessern, indem sie größere, kapitalintensivere und forschungsstärkere Unternehmen hervorbringen.

Andererseits gibt es ein beträchtliches Missbrauchspotenzial. Ein Unternehmen mit Marktmacht, das hohe Gewinne einfährt, hat sowohl den Anreiz als auch die Möglichkeit, kleineren Konkurrenten das Leben schwer zu machen und potenzielle Neuzugänge abzuschrecken.

Beispiel:

 Im Jahr 2007 verurteilte die EU-Kommission Microsoft zu einer Strafe von 900 Mio. EUR, weil sich das Software-Unternehmen weigerte, Informationen herauszugeben, die es anderen Unternehmen ermöglicht hätten, Software zu entwickeln, die mit Microsoft-Produkten harmoniert. Dadurch konnte Microsoft sein Fast-Monopol beim Betriebssystem in einen großen Vorteil in angrenzenden Produktmärkten ummünzen.

Andere, gern genutzte Mittel im Abwehrkampf von Unternehmen mit Marktmacht gegen lästige Konkurrenz bestehen darin,

- Lieferanten oder Abnehmer zu drängen, nicht mit kleineren Konkurrenten zusammenzuarbeiten,
- Partner in der Finanzbranche zu drängen, kleinere Konkurrenten nicht zu finanzieren,
- den Preis zeitweise so niedrig zu halten, dass finanzschwache Konkurrenten oder Neuzugänge pleitegehen und billig aufgekauft werden können.

Solche Praktiken treiben nicht nur potenziell die Preise nach oben, sie verhindern auch einen Wettbewerb um die beste Lösung und damit technischen Fortschritt. Solche Praktiken zu unterbinden gehört daher zu den wichtigsten Aufgaben der Wettbewerbskontrolle.

Wenn es in einem Markt wenige große Anbieter gibt, die zusammen einen sehr großen Marktanteil beanspruchen, dann kommt es immer wieder vor, dass sie durch Absprachen den Markt unter sich aufteilen, um so ohne lästige Konkurrenz die Preise nach oben ziehen zu können. Sie bilden dann ein *Kartell*. Solche Absprachen sind illegal; sie aufzudecken und zu ahnden ist eine wichtige Aufgabe der Wettbewerbsbehörden.

> Ein **Kartell** ist eine Absprache unter dominierenden Anbietern auf einem Markt, diesen Markt unter sich aufzuteilen und sich keine Preiskonkurrenz mehr zu machen.

Was ist nun besser?

Auch wenn es auf den einzelnen Markt ankommt, so ist dennoch entgegen der Intuition i.d.R. eine Wirtschaftsstruktur vorzuziehen, in der die Unternehmen eine gewisse Größe und Marktmacht erreicht haben, anstatt allzu scharfem Wettbewerb ausgesetzt zu sein. Man denke nur an die beiden Extreme einer von kleinteiliger Landwirtschaft und Tourismus dominierten Wirtschaftsstruktur, wie sie z.B. für Griechenland oder Thailand charakteristisch ist, und einer von Maschinen- und Fahrzeugbau geprägten Wirtschaft wie der deutschen.

Weil die Größenvorteile und das Potenzial für technischen Fortschritt in den ersten beiden Branchen gering sind, ist die Wettbewerbsintensität dort hoch; Wertschöpfung, Löhne und Gewinne sind gering. In den beiden letzten Branchen dagegen bestehen hohe Spezialisierungs- und Größenvorteile und auch das technologische Potenzial ist groß. Die Wettbewerbsintensität fällt dadurch geringer aus, Wertschöpfung, Löhne und Gewinne sind entsprechend höher.

Nicht von ungefähr weisen die wirtschaftlich am weitesten fortgeschrittenen Länder einen besonders hohen Anteil von Beschäftigten in Großunternehmen und einen geringen Anteil von Beschäftigten in Kleinunternehmen auf, wie folgende Rangliste der Industrieländer auf Basis von Zahlen der OECD zeigt.

Rang	Land	Anteil Betriebe < 50 Beschäftigte (Anteil Betriebe >250 Beschäftigte)
1	Griechen-land	76 % (14 %)
2	Italien	69 % (19 %)
3	Portugal	65 % (19 %)
...	...	...
23	Deutsch-land	41 % (40 %)
24	Groß-britannien	37 % (46 %)
25	USA	34 % (53 %)

Rangliste der Industrieländer: Anteil Kleinbetriebe

Eine Wirtschaftsstruktur, die sich den Bedingungen der vollkommenen Konkurrenz annähert, ist nicht erstrebenswert.

Auf einen Blick: Wettbewerb

- Mehr Nachfrage treibt kurzfristig den Preis. Langfristig kann sie zu steigenden oder sinkenden Preisen führen –abhängig davon, wie sich die Produktionskosten bei steigender Produktion entwickeln.

- Marktmacht kann missbraucht werden, aber ohne Gewinne aus Marktmacht gibt es keine riskanten Investitionen, wenig technischen Fortschritt und keine hohen Löhne.

- Monopole sind besonders dort schädlich, wo das Potenzial für technischen Fortschritt hoch ist. Wo das nicht der Fall ist, kann ein Monopol unter bestimmten Bedingungen die beste Produktionsform sein.

- Bei einem natürlichen Monopolisten, wie etwa der Bahn, sind Verluste aus gesellschaftlicher Sicht wünschenswert.

- Eine Wirtschaftsstruktur, die von Kleinunternehmen dominiert wird und sich den Bedingungen der vollkommenen Konkurrenz annähert, ist nicht erstrebenswert.

Arbeit

Seit der industriellen Revolution des 19. Jhd. steht der Arbeitsmarkt im Mittelpunkt gesellschaftlicher Auseinandersetzungen. Lohnunterschiede zwischen verschiedenen Branchen oder Staaten erklären manche mit den Gesetzen von Angebot und Nachfrage, andere erkennen darin die Folgen von Ausbeutung. Fest steht, dass der Arbeitsmarkt anders funktioniert als Gütermärkte. Doch wie äußern sich diese Unterschiede?

In diesem Kapitel erfahren Sie,

- warum Massenarbeitslosigkeit so normal ist,
- welche Instrumente man dagegen einsetzen kann,
- warum große Firmen besser bezahlen als kleine,
- warum die Amerikaner mehr arbeiten als wir.

Werden die Arbeiter ausgebeutet?

Heute, wo die durchschnittliche deutsche Arbeit nehmerfamilie mindestens ein Auto, mehrere Farbfernseher, Wasch- und Spülmaschine und ausreichend komfortablen Wohnraum besitzt, gibt es nur noch wenige Menschen, die von Ausbeutung der Arbeiter durch die Arbeitgeber sprechen würden. Heute beklagen sich eher die Arbeitgeber, dass sie vom Staat und den Gewerkschaften ausgebeutet würden. Bis Mitte des 19. Jhd. waren Karl Marx und Friedrich Engels, ebenso wie vor ihnen die klassischen englischen Ökonomen Adam Smith, David Ricardo und Thomas Malthus, einhellig der Meinung, dass die Fabrikbesitzer den Arbeitskräften nur so viel bieten mussten, wie diese zum Leben und Kinder aufziehen unbedingt brauchten.

Beispiel:

Im Kommunistischen Manifest von Marx und Engels aus dem Jahr 1848 heißt es: „Der Durchschnittspreis der Arbeit ist der Minimallohn, d.h. die Menge an Unterhaltsmitteln, die absolut notwendig ist, um dem Arbeiter die bloße Existenz als Arbeiter zu erhalten. Das, was der Lohnarbeiter durch seine Arbeit erwirbt, reicht nur aus, um seine nackte Existenz zu verlängern und wiederherzustellen."

Die Menschen standen damals an den Fabriktoren Schlange und arbeiteten unter für unsere heutigen Verhältnisse unmenschlichen Bedingungen. Trotz sehr langer Arbeitszeiten reichten die Löhne oft kaum aus, um eine Familie notdürftig zu ernähren. Kinder arbeiteten in den Fabriken, anstatt in die Schule zu gehen. Wer sich bei der Arbeit verletzte, konnte einfach entlassen werden, was seine Familie ins Elend stürzte.

Gleichzeitig wurden einige Industrielle sehr reich. Gewerkschaften waren verboten, um diesen Zustand nicht zu gefährden. Eine nennenswerte soziale Absicherung gab es nicht.

Eine Verelendung findet nicht statt

Die Durchschnittslöhne, die heute, 150 Jahre später, bei uns gezahlt werden, kann man schwerlich als das Niveau bezeichnen, das gerade noch den Erhalt der Arbeitskraft und die Fortpflanzung gewährleistet. Smith, Ricardo, Malthus und der frühe Marx hatten zweierlei nicht bedacht. Zum einen gaben die Eliten lieber etwas von ihrer politischen Macht und ihrem Reichtum ab, als die Machtübernahme des Proletariats zu riskieren. Zum anderen wurden mit zunehmender Industrialisierung immer besser ausgebildete Arbeiter benötigt. Der Bedarf an schlecht bezahlten Tagelöhnern sank. Die Demokratisierung führte dazu, dass die mächtiger gewordenen Arbeitnehmer mehr vom gemeinsam erwirtschafteten Kuchen für sich abzweigen konnten. Die Abhängigkeit der Arbeitgeber von gut ausgebildeten Arbeitskräften führte dazu, dass sie von sich aus mehr bezahlten, um diese Arbeiter anzulocken. Die Funktionsweise des Arbeitsmarktes änderte sich dadurch grundlegend, wie wir im Folgenden sehen werden.

Demokratie statt Revolte

Wissenschaftler haben anhand der historischen Abfolge von Wahlrechtserweiterungen nachgewiesen: Die allgemeine Demokratie, die uns heute so selbstverständlich ist, wurde von den damaligen Machthabern gewährt, weil sie Revolutionen-

und den vollständigen Machtverlust fürchteten. Denn Besitz und Wahlrecht, also wirtschaftliche und politische Macht, waren in der Frühzeit der Industrialisierung noch eng verbunden. Als etwa die bürgerliche französische Revolution 1789 die Monarchie hinwegfegte, achteten die neuen Machthaber sehr darauf, es mit der Demokratie nicht zu übertreiben. Wahlberechtigt war nur, wer mindestens 25 Jahre alt war (was damals mehr als der statistischen Lebensmitte entsprach) und ein Mindestmaß an Besitz nachweisen konnte. In den USA begrenzten die Gründerväter das Wahlrecht auf Grundbesitzer und schrieben das Verbot einer Einkommensteuer in die Verfassung. In Preußen gab es bis Mitte des 19. Jhd. das sog. Dreiklassenwahlrecht, bei dem diejenigen, die ein Drittel des Steueraufkommens bestritten, auch über ein Drittel der Stimmen verfügten usw. Das bewirkte, dass im Durchschnitt etwa sechs Großverdiener so viele Stimmen hatten wie 100 Mitglieder der Bevölkerungsmehrheit in der unteren Einkommensklasse. Auf kommunaler Ebene konnte gelegentlich ein Industrieller allein ein Drittel der Stimmen abgeben.

Im Verlauf des 19. Jhd. kam es immer häufiger zu Arbeiteraufständen und Revolutionen. Wie Aidt und Jensen (2011) zeigen konnten, gab es Wahlrechtsreformen in Richtung eines umfassenderen und gleichen Wahlrechts bevorzugt dann, wenn in Nachbarländern gerade wieder eine Revolution oder ein größerer Arbeiteraufstand stattgefunden hatte. Aufgeklärte Regenten wie Bismarck schufen Kranken-, Renten- und Arbeitslosigkeitsversicherungen, um die Arbeiter zufrieden zu stellen und für die Einflüsterungen von Revolutionären unempfänglich zu machen. Arbeiter, die nicht darauf angewiesen waren, jeden Tag eine Arbeit zu finden, um ihr Überleben zu sichern, konnten wählerischer werden. Später wurden Gewerkschaften zugelassen und die Kinderarbeit verboten. All das verbesserte die Verhandlungsposition der Arbeiter.

> Bevor sie riskierten, dass Arbeiterrevolten sie hinwegfegten, gaben die Eliten in Wirtschaft und Politik lieber etwas Macht ab und bemühten sich um die Verbesserung der Lebensbedingungen der Arbeiter.

Qualifizierte Kräfte statt Tagelöhner

So lästig das für die Arbeitgeber auf kurze Sicht war, langfristig tat es der Wirtschaftsentwicklung keinen Abbruch, ganz im Gegenteil. Denn mit Arbeitern, die als Kinder eine gute Schulbildung bekommen hatten, konnte man in modernen Industriebetrieben wesentlich mehr anfangen als mit verelendeten Tagelöhnern, die nur einfachste Aufgaben erledigen konnten und die man auf Schritt und Tritt überwachen musste.

Beispiel:

 Als die Pariser Weltausstellung von 1867 zeigte, dass der technologische Vorsprung Englands abschmolz, verlangten die Industriellen vom Staat mehr Engagement für die Bildung. Zuvor hatten sie Bildung für Arbeiter als gefährlich angesehen. (Galor und Moav 2006)

So kam es, dass die Arbeiterklasse immer wohlhabender und gebildeter wurde und daher mit dem Kapitalismus in seiner gezähmten Form im Großen und Ganzen ihren Frieden schloss.

Beispiel:

> Im Jahr 1914 verdoppelte Ford die Löhne über Nacht auf fünf Dollar, trotz langer Schlangen von Arbeitern vor seinen Autofabriken. Die Austauschrate der Beschäftigten sank drastisch. Sie blieben viel länger im Unternehmen als zuvor und lernten besser mit den Maschinen umzugehen. Die Produktivität stieg deutlich, der Gewinn nahm um 20 Prozent zu.

Marx hat seine Fehleinschätzung übrigens noch korrigiert. In „Das Kapital" von 1867 heißt es: „Auf der anderen Seite ist... das Ausmaß der sog. lebensnotwendigen Bedürfnisse selbst das Produkt geschichtlicher Entwicklungen und hängt somit in hohem Maße von dem Stand der Zivilisation eines Landes ab; genauer gesagt, von den Gewohnheiten und dem Grad des Wohlstands, unter denen sich die Klasse der freien Arbeiter herausbildete. Ein Anstieg des Preises der Arbeit bedeutet in der Tat nichts weiter, als dass die Länge und das Gewicht der goldenen Kette, die der Lohnarbeiter bereits für sich selbst geschmiedet hat, ein Nachlassen der Spannung dieser Kette gestatten."

> Je komplizierter und anspruchsvoller die Produktionsprozesse, desto mehr sind die Arbeitgeber auf gut ausgebildete und zufriedene Arbeitnehmer angewiesen, die lange genug im Betrieb bleiben. Dafür sind gute Bezahlung, Arbeitsbedingungen und soziale Leistungen hilfreich.

Zusammenfassend kann man die Entwicklung der kapitalistischen Gesellschaft vom Raubtierkapitalismus der frühen Industrialisierung zu seiner gezähmten Erscheinungsform, deren deutsche Variante wir als „soziale Marktwirtschaft" bezeichnen, wie in der folgenden Abbildung darstellen.

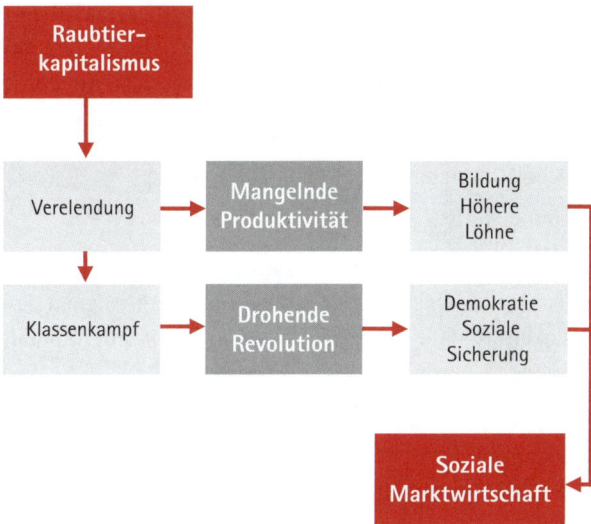

Vom Raubtierkapitalismus zur sozialen Marktwirtschaft

Warum ist Massenarbeitslosigkeit traurige Normalität?

Eine wichtige Frage haben wir bisher noch unbeantwortet gelassen: Wie kam es, dass trotz fortbestehender hoher Arbeitslosigkeit die Löhne so stark stiegen? Man sollte ja eigentlich annehmen, dass die Arbeitslosen mit den Beschäftigten konkurrieren, indem sie ihre Arbeit billiger anbieten. Dann, so könnte man meinen, würden die Löhne nicht steigen oder gar sinken, bis alle Arbeitsuchenden in Lohn und Brot sind.

Es gibt eine Reihe von Erklärungsmustern dafür, warum dies nicht stattfindet (oder nicht in ausreichendem Maße, um Massenarbeitslosigkeit zu beseitigen). Die drei populärsten:

- Die Arbeitslosen wollen nicht wirklich arbeiten.
- Die Arbeitslosen sind nicht qualifiziert genug.
- Die Löhne werden künstlich zu hoch gehalten.

Doch die ersten beiden Erklärungsansätze erklären erkennbar allenfalls einen kleinen Teil der tatsächlich vorhandenen Arbeitslosigkeit. Auch die dritte Erklärung ist nur vordergründig überzeugend.

Nach einer kurzen Überprüfung dieser Argumente greifen wir einen Gedanken aus dem vorangegangenen Kapitel auf: Auch einzelne Unternehmen planen nicht mit Vollauslastung der Kapazitäten. Im Normalbetrieb produzieren sie nur rund 80 % dessen, was sie bei voller Auslastung herstellen könnten. Vielleicht funktioniert die Volkswirtschaft insgesamt ja ebenso, und Arbeitslosigkeit bedeutet lediglich, dass Kapazitäten bereitgehalten werden, die man nur in Zeiten hoher Auslastung einsetzt. Diesen Erklärungsansatz werden wir ebenfalls prüfen.

Faule Arbeitslose

Zunächst also zu der These, Arbeitslosigkeit sei freiwillig, da die Arbeitslosen gar nicht arbeiten wollten – jedenfalls nicht zu den angebotenen Löhnen. Dass manche Arbeitslose nicht ernsthaft Arbeit suchen, ist unbestreitbar. Jeder kennt Fälle, wo der Betroffene lieber schwarz arbeitet oder bescheiden genug ist, um dauerhaft mit Stütze auszukommen. Die Regel ist das aber bei Weitem nicht. So zeigen praktisch alle Umfragen, wie z. B. der zu Beginn erwähnte Glücksatlas, dass Arbeitslose mit ihrem Leben viel weniger zufrieden sind als Menschen in Arbeit. Arbeitslosigkeit gehört für die meisten Menschen zu den schweren Schicksalsschlägen des Lebens. Die These von der freiwilligen Arbeitslosigkeit widerspricht der Lebenserfahrung ebenso wie den Ergebnissen von Befragungen.

Arbeitslosengeld verlängert Arbeitslosigkeit – mit gutem Grund

Um die These von den „arbeitsscheuen Arbeitslosen" zu untermauern, wird manchmal angeführt, dass Arbeitslose schneller einen neuen Job annehmen, wenn die Stütze ausläuft oder gekürzt wird. Bei genauerem Hinsehen ist das jedoch gar kein Beleg für die These. Denn genau so sollte es sein, wenn die Arbeitslosenversicherung ihre Funktion richtig erfüllt: Sie soll nämlich dafür sorgen, dass jemand, der arbeitslos wird, genügend Zeit hat, eine Stelle zu finden, die zu seinen Fähigkeiten und Neigungen passt. Weder dem Betroffenen noch der Gesellschaft ist gedient, wenn Hochschulabsolventen nach zwei Wochen Arbeitslosigkeit aus Geldnot bei McDonald's anheuern. So hat denn auch Raj Chetty (2008) festgestellt, dass Arbeitslose, die über finanzielle Rücklagen verfügen, bei der Jobsuche wählerischer sind als Arbeitslose ohne finanzielle Reserven. Sie reagieren also genauso wie Arbeitslose, die Arbeitslosenunterstützung beziehen. Diese Arbeitslosen brauchen aber ihr eigenes Geld auf, nicht das des Staates.

Etwas Sucharbeitslosigkeit ist normal

In einer ergänzenden Variante der These von der freiwilligen Arbeitslosigkeit wird denn auch behauptet, diese sei teilweise darauf zurückzuführen, dass die Arbeitslosen „freiwillig" so lange arbeitslos sind, bis sie eine Stelle gefunden haben, die zu ihren Vorlieben und Fähigkeiten passt. Diese These kann gut erklären, warum die Arbeitslosigkeit kaum je für längere Zeit auf null sinkt. Rückt dieser Zustand auch nur in Reichweite, sind die Zeitungen voll mit Schlagzeilen darüber, dass die Unternehmen keine Arbeitskräfte fänden. Ein oder zwei Prozent Arbeitslosigkeit sollte man wegen des Zeitbedarfs der Arbeitssuche – selbst wenn es genügend Stellen gibt – wohl tatsächlich als akzeptabel betrachten. Viel höher kann man die normale Sucharbeitslosigkeit aber nicht ansetzen. Denn nur diejenigen, denen kurzfristig gekündigt wird, ob wegen Fehlverhaltens oder weil der Betrieb pleitegeht, müssen Sucharbeitslosigkeit in Kauf nehmen. Die anderen können sich eine bessere Stelle suchen, solange sie noch die alte haben.

> **Sucharbeitslosigkeit** ist eine unvermeidbare Sockelarbeitslosigkeit, die dadurch entsteht, dass Leute, die ihren alten Job verloren oder aufgegeben haben, Zeit brauchen, um einen neuen zu finden und zu beginnen.

Arbeitslosigkeit durch Strukturwandel

Eine Verwandte der Sucharbeitslosigkeit ist die Arbeitslosigkeit, die entsteht, weil sich die Branchenzusammensetzung in der Wirtschaft ändert. Wenn z. B. Stellen in der Textilindustrie wegfallen und gleichzeitig in der Telekommunikation neue entstehen, dann fehlen vielleicht über einen längeren Zeitraum Telekomtechniker, da die offenen Stellen mangels Qualifikation nicht besetzt werden können, während Textilarbeiter arbeitslos sind. Dieses Problem trifft oft bestimmte Regionen, in denen eine dominierende Branche schrumpft oder ein großer Arbeitgeber verschwindet. Gesamtwirtschaftlich ist diese Art von Arbeitslosigkeit normalerweise nur für einen kleinen Teil der Arbeitslosenquote verantwortlich, da sich der Strukturwandel meist langsam vollzieht.

Der Erklärungsfaktor Strukturwandel wird manchmal missbräuchlich verwendet. So hieß es z. B. 2010/2011 in den USA oft, die hohe Arbeitslosigkeit sei strukturell bedingt, weil in manchen Branchen, v. a. bei Heilberufen, viele neue Stellen entstünden, während Bau- und Industriearbeiter arbeitslos würden, da diese für Dienstleistungsberufe falsch qualifiziert seien. Das mag zutreffen, verdeckt aber die Tatsache, dass viele anspruchsvolle, gut bezahlte Stellen wegfielen und stattdessen neue Stellen in einem Niedriglohnsektor geschaffen wurden. Ein solcher Prozess ist mit der Bezeichnung „Arbeitslosigkeit aufgrund von Deindustrialisierung" am treffendsten beschrieben.

Mangelnde Qualifikation

Das Qualifikationsniveau wirkt sich fast überall auf die Arbeitslosenquote aus. Bei Menschen ohne Schulabschluss ist die Quote zumeist um ein Mehrfaches höher als bei Akademikern.

Dennoch: Auch gut ausgebildete Akademiker, Techniker und Facharbeiter sind im Regelfall in größerer Zahl arbeitslos oder arbeiten in Berufen weit unterhalb ihrer Qualifikation. Das dürfte nicht der Fall sein, wenn es grundsätzlich genügend Arbeitsplätze gäbe. Wenn diese formal gut ausgebildeten Fachkräfte fachlich oder persönlich weniger qualifiziert sein sollten als ihre erfolgreicheren Konkurrenten, dann müssten sie das theoretisch durch niedrigere Gehaltsforderungen ausgleichen können. In der Praxis ist dies nur selten möglich. Entweder finden sie daher einen Arbeitsplatz in ihrem Beruf, der dann i.d.R. in der dafür üblichen Größenordnung entlohnt wird, oder sie steigen beruflich ab und nehmen einen Job unterhalb ihrer Qualifikation an, oder sie bleiben arbeitslos.

Beispiel:

Ein Volkswirt, der keinen Job bei einer Uni, einer Bank oder in einem Unternehmen findet, weil der Staat gerade nicht einstellt, es den Banken schlecht geht und die übrigen Unternehmen kaum neue Volkswirte brauchen, kann zwar Versicherungen verkaufen oder Taxi fahren und damit deutlich weniger verdienen. Er kann sich aber keinen Job in einer Bank angeln, indem er anbietet, für das halbe Geld zu arbeiten.

Besser sieht es für die These von der mangelnden Qualifikation Arbeitsloser in Bezug auf die gering Qualifizierten aus. Allerdings ist zu klären, warum die Löhne für diese Gruppe bei hoher Arbeitslosigkeit nicht sinken. Womöglich taugt mangelnde Qualifikation nur dann als Erklärung für Massenarbeitslosigkeit, wenn Lohnuntergrenzen bestehen.

> Mangelnde Qualifikation als Erklärung für Arbeitslosigkeit läuft letztlich auf die Feststellung hinaus, dass die Löhne für gering qualifizierte oder aus sonstigen Gründen weniger produktive Arbeitnehmer zu hoch gehalten werden.

Zu hohe Löhne

Wenn der Arbeitsmarkt wie ein normaler Gütermarkt funktionieren würde, dann sänke der Preis für Arbeit, wenn zu viel Arbeit angeboten wird – und zwar so lange, bis Angebot und Nachfrage wieder im Gleichgewicht sind. Es gibt jedoch eine Reihe von Faktoren, die dafür sorgen, dass die Löhne trotz Arbeitslosigkeit nicht sinken. Die wichtigsten davon sind

- die Macht der Gewerkschaften,
- Eingriffe des Gesetzgebers in die Vertragsfreiheit,
- Desinteresse der meisten Arbeitgeber an „Dumping"-Angeboten von Arbeitslosen.

Lohnuntergrenzen werden vorgegeben

Die Konkurrenz der Arbeitskräfte um Stellen wird eingeschränkt durch Gewerkschaften, die mit Arbeitgebern verbindliche Tarifverträge aushandeln, und durch einen Gesetzgeber, der diese Tariflöhne oft als allgemeinverbindlich erklärt oder Mindestlöhne vorschreibt. Trotz hoher Arbeitslosigkeit sinken daher die Löhne nicht. Hinzu kommt, dass jeder ein Anrecht auf ein Mindestmaß an sozialer Sicherung hat. Eine gering qualifizierte Arbeit werden nur wenige zu einem Lohn ausführen wollen, der geringer ist als das Niveau der Mindestsicherung nach Hartz IV.

> Das Niveau der sozialen Leistungen für Leute, die nicht arbeiten, bestimmt die Untergrenze für das Lohnniveau. Außerdem gibt es in vielen Bereichen tariflich oder staatlich vorgeschriebene Mindestlöhne in der einen oder anderen Form.

Arbeitgeber wollen kein Dumping

Selbst wenn sie in der Lohnsetzung weitgehend frei sind, haben die meisten Arbeitgeber kein Interesse an Unterbietungsangeboten von Arbeitslosen. Sie fürchten die damit verbundene Störung des Betriebsfriedens und scheuen sich zudem, ihren Beschäftigten mit der Begründung die Löhne zu kürzen, dass es auf dem Arbeitsmarkt genügend andere gebe, die sie ersetzen könnten. Truman Bewley (1998) hat in einer Vielzahl von Interviews mit Personalverantwortlichen von Arbeitgebern herausgefunden, warum das so ist.

Die Personalchefs erklärten, Beschäftigte seien nur dann bereit, Gehaltskürzungen zu akzeptieren, wenn es dem Unternehmen sehr schlecht geht. Wird der Lohn gekürzt, nur weil der Arbeitsmarkt das erlaubt und das Management den Gewinn steigern will, empfänden sie dies als Vertrauensbruch und reagierten mit Leistungsabfall und Schlimmerem. Aus dem gleichen Grund gaben fast alle Personalverantwortlichen an, nicht an Angeboten von Bewerbern interessiert zu sein, die versuchten, den unternehmensüblichen Lohn deutlich zu unterbieten. Dahinter steht, dass Arbeitnehmer und Arbeitgeber nicht in einem anonymen Marktverhältnis zueinander stehen, sondern meist in einer auf Dauer angelegten sozialen Beziehung. Wenn sie sich um eine Stelle bewerben, akzeptieren die Menschen zwar noch, dass sie weniger aushandeln können, wenn die Konkurrenz am Arbeitsmarkt besonders groß ist. Nach Eintritt ins Unternehmen erwarten sie aber einen fairen Umgang miteinander. Die folgende Abbildung veranschaulicht diesen Mechanismus.

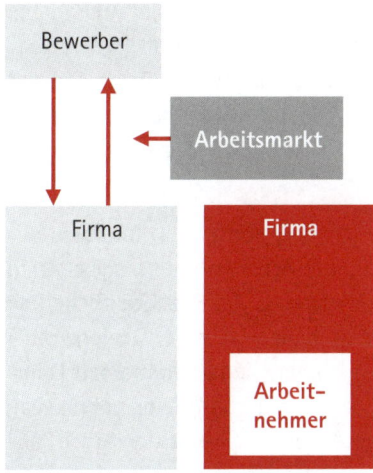

Die Firma schottet Arbeitnehmer gegenüber dem Markt ab

Ein Unternehmen, das auf qualifizierte Arbeitskräfte angewiesen ist, lässt sich nicht führen, wenn jeder das fordert und nur das bekommt, was der Markt gerade diktiert. Denn in einem solchen Arrangement funktioniert kein Teamwork, keiner setzt sich für das Unternehmen ein und keiner leistet mehr, als er laut Vertrag unbedingt muss. Der soziale Charakter eines Arbeitsverhältnisses kann gut erklären, warum auch bei Arbeitslosigkeit in den betreffenden Berufen die Löhne und Gehälter nicht sinken. Wenn das der Fall ist, sind es die Unternehmen selbst, die die Löhne hochhalten, und nicht Gewerkschaften, der Staat oder übermäßig anspruchsvolle Arbeitslose. In vielen Branchen sinkt der Lohn auch dann nicht, wenn die Arbeitslosigkeit hoch ist und es keine tariflichen oder gesetzlichen Hindernisse gibt. Die Arbeitgeber scheuen sich, die Arbeitsmoral und die Loyalität ihrer Belegschaften zu beschädigen, indem sie die Löhne kürzen. Das gilt v. a. für Berufe, in denen der Arbeitseinsatz und die Produktivität des Einzelnen schwer zu messen und zu kontrollieren sind.

Die Arbeitgeber haben allerdings weiterhin ein Interesse daran, die Verhandlungsmacht der Arbeitnehmer insgesamt zu schwächen, etwa indem das Niveau der sozialen Sicherung abgesenkt oder die gesellschaftliche Macht der Gewerkschaften reduziert wird. Dadurch können sie langfristig den Lohnzuwachs drücken. Wenn das durchschnittliche Lohnniveau zurückgeht, sinkt auch das Anspruchsniveau der Arbeitnehmer. Anders ausgedrückt: Die Arbeitgeber scheuen sich lediglich, die erworbenen Lohnansprüche ihrer Arbeitnehmer in Frage zu stellen, nicht aber, den Anstieg der Lohnansprüche in Schach zu halten.

Arbeitsmärkte ticken anders

Arbeitslosigkeit führt also nicht unbedingt zu sinkenden Löhnen. Aber wenn zu hohe Löhne eine wichtige Ursache von Arbeitslosigkeit sein sollten, könnte man ja daran denken, die Löhne gezielt abzusenken. Um das *Reallohnniveau*, auf das es am Ende ankommt, zu reduzieren, genügt es, wenn die Lohnsteigerungen niedriger ausfallen als die Inflationsrate. Wer eine solche Lohnentwicklung herbeiführen möchte, kann die allgemeinen Arbeitnehmerrechte, das soziale Sicherheitsnetz sowie die Gewerkschaften schwächen. Diese Politik wurde mit den Hartz-Reformen der rot-grünen Bundesregierung von 2003 bis 2005 umgesetzt. Sie scheint gefruchtet zu haben, denn die Reallöhne stagnierten jahrelang oder sanken sogar. Die Arbeitslosigkeit ging in der Folge stark zurück.

> **Reallohnsteigerung** ist die Zunahme der Durchschnittslöhne abzüglich der Preissteigerungsrate. Nur in dem Maße, wie der Reallohn steigt, kann man sich für seinen Lohn tatsächlich mehr kaufen.

Es gibt allerdings auch Gegenbeispiele, die darauf hindeuten, dass man nicht generell mit Lohnsenkungen Beschäftigung generieren und Arbeitslosigkeit abbauen kann. So werden in vielen Entwicklungs- und Schwellenländern die Stundenlöhne in Cent gemessen. Trotzdem sind dort Arbeitslosigkeit und Unterbeschäftigung oft extrem hoch. In den USA war 2010 und 2011 die Arbeitslosigkeit deutlich höher als in Deutschland, obwohl es dort kaum noch verbindliche Tarifverträge gibt und der Mindestlohn sowie die soziale Absicherung sehr niedrig sind. Auch treten immer wieder über lange Zeiträume hinweg große Unterschiede in der Arbeitslosigkeit zwischen benachbarten europäischen Ländern mit ähnlicher Lohnhöhe und ähnlichen Lohnuntergrenzen auf. Das spricht dagegen, dass die Lohnhöhe eine entscheidende Rolle spielt.

Um diese scheinbar widersprüchlichen Feststellungen zu erklären, müssen wir einen Blick darauf werfen, wie der Arbeitsmarkt eigentlich funktioniert. Am Arbeitsmarkt vollzieht sich der Ausgleich von Angebot und Nachfrage nicht so leicht wie auf manchen Warenmärkten, wie z. B. dem Kartoffelmarkt. Wenn es ein Überangebot an Kartoffeln gibt, werden diese billiger. Daraufhin kaufen die Menschen mehr Kartoffeln und weniger Reis. Die Kartoffelproduzenten produzieren weniger, weil es sich weniger lohnt, Kartoffeln anzubauen. Dieser Prozess setzt sich fort, bis das Überangebot bei einem gesunkenen Preis verschwunden ist (siehe die folgende Abbildung).

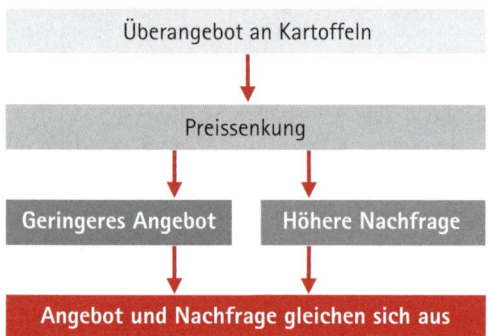

Ausgleich von Angebot und Nachfrage auf einem Gütermarkt

Ein Überangebot an Arbeitskräften verschwindet nicht so leicht. Die Menschen bieten nicht weniger von ihrer Arbeitskraft an, wenn der Lohn sinkt. Denn die meisten Menschen müssen arbeiten, um vom Lohn zu leben. Sie können nicht einfach aufhören, weil es sich nicht mehr „lohnt" zu arbeiten. Im Gegenteil: Es kann gut sein, dass sie sogar mehr Arbeitskraft anbieten, um den Einkommensausfall wettzumachen. Entweder arbeiten sie selbst mehr oder der Ehepartner; im Extremfall – der in Entwicklungsländern leider eher die Norm ist – arbeiten die Kinder früher und mehr, wenn der Lohn der Eltern sinkt.

Beispiel:

Ashenfelter, Doran und Shaller (2010) haben in einer Studie über Taxifahrer in New York festgestellt, dass diese jedes Mal ihr Arbeitsangebot senkten, also ihre Arbeitszeit reduzierten, wenn die zuständige Aufsichtsbehörde den Taxitarif und damit den Stundenlohn der Taxifahrer erhöhte. Gerade bei den Geringverdienern scheint also auch in Industrieländern der Effekt aufzutreten, dass das Arbeitsangebot mit steigendem Lohn sinkt und umgekehrt bei sinkendem Lohn steigt.

Wenn also der Lohn sinkt, kann es durchaus sein, dass das Arbeitsangebot und damit die Konkurrenz um knappe Arbeitsplätze steigen und nicht etwa zurückgehen. Im ungünstigen Fall wird die Unterbeschäftigung größer, womit der Druck auf die Löhne sogar noch zunimmt, anstatt zu sinken. Ein Teufelskreis (siehe die folgende Abbildung).

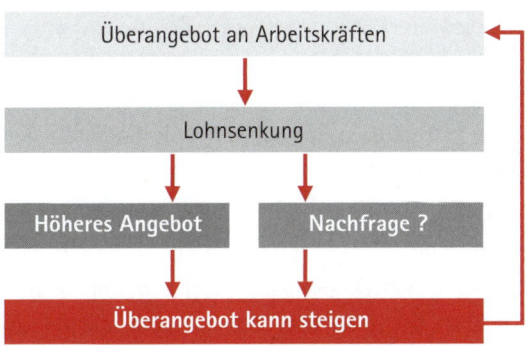

Fehlender Ausgleich des Arbeitsmarktes durch Lohnsenkung

Wo wie in Deutschland die Gesetze Kinderarbeit verbieten und die Arbeitszeit begrenzen und wo die soziale Sicherung ein Grundauskommen garantiert, steht eine Abwärtsspirale aus sinkenden Löhnen und steigender Arbeitslosigkeit wie im obigen Schaubild allerdings nicht zu befürchten. Diejenigen, deren erzielbarer Lohn so weit absinkt, dass sie sich mit Sozialhilfe besser stellen, werden tatsächlich ihr Arbeitsangebot drastisch einschränken.

Beispiel:

Die USA haben als Nachzüglernation erst während der Großen Depression der 1930er-Jahre Kinderarbeit gesetzlich verboten, um die Abwärtsspirale von sinkenden Löhnen und steigender Arbeitslosigkeit zu durchbrechen. Für die vielen Menschen, die während der großen Depression ihre Arbeit verloren, hatte Kinderarbeit dazu beigetragen, dass die Löhne, die sie als Tagelöhner erzielen konnten, ins Bodenlose sanken, denn immer mehr Arbeitslose und deren Kinder konkurrierten im Überlebenskampf um die wenigen Gelegenheitsjobs.

Auch auf die Nachfrageseite ist am Arbeitsmarkt kein Verlass. Wenn die Löhne sinken, geht nämlich auch die Kaufkraft der Verbraucher zurück, was die Absatzchancen der Unternehmer schmälert und ihren Appetit auf Neueinstellungen dämpft.

In einer Exportnation wie Deutschland hat die nachfragedämpfende Wirkung von Lohnsenkungen eine geringere Bedeutung als z.B. in den USA oder Griechenland, die relativ wenig exportieren. Wenn in Deutschland die Löhne sinken, werden die zahlreichen Exporteure preislich wettbewerbsfähiger und können mehr exportieren und mehr Leute beschäftigen. Dadurch steigt die Summe der Einkommen im Inland, wodurch auch bei sinkenden Löhnen die heimische Nachfrage steigen kann. Das funktioniert allerdings nur unter einer wichtigen Voraussetzung: Die Lohnsenkung im Vergleich zum Ausland darf nicht durch Wechselkursänderungen aufgehoben werden. In einer Währungsunion wie der europäischen, zu der Deutschland gehört, ist diese Bedingung erfüllt.

> Der Arbeitsmarkt funktioniert anders als ein normaler Gütermarkt. Wenn der Lohn sinkt, können das Arbeitsangebot und die Nachfrage nach Arbeitskräften steigen oder sinken. Je nach den Umständen des betreffenden Landes steigt oder sinkt die Arbeitslosigkeit, wenn der Lohn sinkt. In der Exportnation Deutschland, die Teil einer Währungsunion ist, sind die Aussichten allerdings relativ gut, durch Lohnmäßigung die Arbeitslosigkeit zu mindern.

Wie so oft in der Ökonomie gibt es auch hier keine allgemeingültige Wahrheit. Es kommt immer auf die Umstände an. Wie viel exportiert ein Land? Hat es flexible Wechselkurse? Wie ist das Sozialsystem organisiert? Herrscht gerade Nachfragemangel oder Hochkonjunktur? Solche und andere Fragen sind zu beantworten, bevor man sagen kann, wie sich eine Lohnsenkung oder Lohnerhöhung auf die Arbeitslosigkeit auswirkt.

Mindestlöhne

Ein weiteres Indiz dafür, dass Lohnsenkungen nicht zwingend die Arbeitslosigkeit beseitigen, sind die internationalen Erfahrungen mit der Einführung und Anhebung von Mindestlöhnen. Wenn zu hohe Löhne für gering Qualifizierte deren hohe Arbeitslosenquoten verursachen würden, müssten allgemeine Mindestlöhne und deren Anhebung die Arbeitslosigkeit merklich steigern. Eine Vielzahl von *empirischen Untersuchungen* kam jedoch zu dem Ergebnis, dass dies allenfalls in geringem Maße der Fall ist.

> **Empirische Untersuchungen** sind ein wichtiges Instrument der Wirtschaftsforschung. Die Forscher werten dabei Statistiken aus und versuchen daraus abzuleiten, wie wahrscheinlich es ist, dass eine oder mehrere Größen eine andere in eine bestimmte Richtung beeinflussen, also z.B., ob ein Mindestlohn zu mehr Arbeitslosigkeit führt.

Für Großbritannien haben Studien mit unterschiedlichen Methoden, die Metcalf (2007) beschreibt, übereinstimmend festgestellt, dass der 1998 eingeführte und danach bis April 2011 auf 5,93 Pfund (damals 6,75 EUR) erhöhte nationale Mindestlohn nur sehr geringfügige Arbeitsplatzverluste in den besonders betroffenen Niedriglohnsektoren zur Folge hatte. Für die USA zeigte sich bei einer Erhöhung von Mindestlöhnen in einzelnen Bundesstaaten ebenfalls keine negative Beschäftigungswirkung, wie unter anderem das Autorenteam Dube, Lester und Reich (2010) festgestellt hat. Die erhebliche positive Wirkung von Mindestlöhnen auf das Einkommen der Geringverdiener zog also gar keine oder nur wenig höhere Arbeitslosigkeit nach sich. Für Frankreich, wo der Mindestlohn besonders hoch ist, und es – anders als z.B. in Großbritannien – für Berufsanfänger nur einen geringen Abschlag gibt, stellten Ökonomen allerdings fest, dass der Mindestlohn die Einstiegschancen junger Menschen in den Arbeitsmarkt verschlechterte.

Marktmacht als Erklärungsansatz

Am Beispiel der Mindestlöhne wird ein weiterer Grund erkennbar, warum von Gewerkschaften oder vom Staat durchgesetzte Lohnsteigerungen nicht unbedingt zu weniger Beschäftigung führen: die Nachfragemacht der Arbeitgeber auf dem Arbeitsmarkt. Die Arbeitgeber müssen den Preis für Arbeit nicht als vom Markt vorgegeben hinnehmen, sondern können diesen beeinflussen, indem sie mehr oder auch weniger Arbeitskräfte einstellen.

Die Marktmacht der Arbeitgeber resultiert daraus, dass die meisten Arbeitnehmer räumlich gebunden sind. Die Anfahrt zu weiter entfernten Arbeitsplätzen ist für sie aufwändig. Einen Umzug oder weite Anfahrtswege nehmen sie nur in Kauf, wenn sie dafür höher entlohnt werden. Umgekehrt akzeptieren sie für Arbeit in der Nähe von Wohnort und Familie einen geringeren Lohn. Das Angebot an passenden Arbeitsplätzen im richtigen Beruf in unmittelbarer Nähe zum Standort ist meist sehr begrenzt, sodass der Wettbewerb zwischen den Arbeitgebern gering ist. Ein Arbeitgeber, der eine Belegschaft von örtlich gebundenen Mitarbeitern aus der Nähe hat, kann relativ niedrige Löhne zahlen.

Das beeinflusst die Auswirkung eines von außen gesetzten Mindestlohns, wie das folgende Zahlenbeispiel zeigt. (Das gleiche Kalkül gilt sinngemäß auch für andere Formen von Lohnuntergrenzen, wie etwa Tariflöhne, an die sich die Arbeitgeber halten müssen.) Ein Einzelhändler habe zehn Mitarbeiter, alle in der Nähe des Betriebes ansässig und relativ gering bezahlt, sagen wir mit 6 EUR je Stunde. Der Reinertrag (Wertschöpfung) abzüglich aller sonstigen Kosten liege bei 10 EUR je Stunde und Mitarbeiter, sodass bei zehn Mitarbeitern nach Abzug des Lohns ein Gewinn von 40 EUR je Stunde verbleibt (Szenario 1).

Szenario	1	2	3
Mitarbeiter	10	20	10
Lohn (EUR/Std.)	6	8	7
			(Mindestlohn)
Lohnsumme (EUR/Std.)	60	160	70
Wertschöpfung (EUR/Std.)	100	200	100
Gewinn (EUR/Std.)	40	40	30

Ein Mindestlohn macht größere Betriebe relativ rentabler

Der Betrieb könnte sich vergrößern und 20 Mitarbeiter beschäftigen, hätte dann aber Schwierigkeiten, zum Lohn von 6 EUR genügend Arbeitskräfte zu finden. Um 20 Stellen adäquat zu füllen, müsste er vielleicht 8 EUR je Stunde bezahlen (Szenario 2). Diesen Lohn müsste er aber dann i. d. R. auch den Altbeschäftigten anbieten, da diese sonst unzufrieden wären, wodurch der Betriebsfrieden gestört würde. Deshalb erwirtschaftet der Betrieb mit 20 Mitarbeitern keinen höheren Gewinn als mit zehn billigeren Arbeitskräften.

Wenn aber der Gesetzgeber einen Mindestlohn von 7 EUR vorschreibt (Szenario 3), sieht das Kalkül anders aus. Dann entfällt die Niedriglohnvariante aus Szenario 1 und der Vergleich findet nur noch zwischen Szenarien 3 und 2 statt. Der kleine Betrieb (Szenario 3) erzielt nur 30 EUR Gewinn. Im Gewinnvergleich zwischen dem größeren Betrieb, der ohnehin über Mindestlohn bezahlt, und dem kleineren Betrieb schneidet der größere nun besser ab.

Unser Beispiel setzt voraus, dass die *Produktivität* der Arbeitnehmer, ihre Ausbringung pro Stunde, gleich bleibt. In der Praxis entstehen jedoch meist Produktivitätsgewinne für größere Betriebe, weil sich die Fixkosten auf mehr Produkte verteilen. Außerdem besteht die Aussicht, dass die Mitarbeiter engagierter und loyaler sind, wenn sie besser bezahlt werden.

> Ein höherer Lohn kann dazu beitragen, die Beschäftigung zu steigern, weil ein Anreiz für die Betriebe wegfällt, klein zu bleiben, um die Löhne niedrig zu halten. Hinzu kommt, dass besser bezahlte Arbeitnehmer meist auch besser arbeiten.

Andererseits gibt es aber auch den Effekt, dass manche Betriebe keinen Gewinn mehr erzielen und deshalb schließen müssen oder dass weniger Betriebe neu eröffnet werden, wenn die Lohnuntergrenze steigt.

> Moderate Mindestlöhne verbessern empirischen Studien zufolge die Einkommen der Geringverdiener, ohne deren Arbeitsmarktchancen nennenswert zu verschlechtern. Sehr hohe Mindestlöhne erhöhen die Arbeitslosigkeit der unerfahrenen oder aus anderen Gründen weniger produktiven Arbeitnehmer.

Kündigungsschutz

Neben zu hohen Löhnen werden der Kündigungsschutz und ähnliche Arbeitnehmerrechte gern verdächtigt, eine Mitschuld an der Arbeitslosigkeit zu tragen: Sie machten Arbeitgebern das Leben schwer und nähmen ihnen daher die Lust, mehr Leute einzustellen. Tatsächlich muss man fragen, ob es vernünftig ist, Arbeitgeber zu zwingen, Arbeitsverhältnisse beizubehalten, die sie gerne beenden möchten.

Im Wesentlichen gibt es drei (unterschiedlich respektable) Gründe für Arbeitgeber, ein Arbeitsverhältnis beenden zu wollen. Je nachdem, welcher Grund vorliegt, ist eine erzwungene Fortsetzung des Arbeitsverhältnisses aus gesellschaftlicher Sicht unterschiedlich zu bewerten. Die Gründe sind:

- Den Vorgesetzten mancher Arbeitnehmer passt deren Nase nicht, oder sie sind ihnen nicht willfährig genug.

- Manche Arbeitnehmer verhalten sich nicht so, wie der Betrieb es von ihnen erwarten kann, oder können die vereinbarte und erwartete Leistung beim besten Willen nicht erbringen.

- Der Arbeitgeber braucht nicht mehr so viele Mitarbeiter wie gedacht, sei es weil der Absatz stockt oder aus anderen Gründen.

Willkürliche Entlassungen werden vermieden

Die erste Möglichkeit ist ein starkes Argument für Kündigungsschutz. Denn soweit er nur willkürliche Entlassungen verhindert, kann der Kündigungsschutz kaum die Einstellungsbereitschaft der Arbeitgeber dämpfen, da diese kein geschäftliches Interesse daran haben, dass ihre Führungskräfte die Belegschaft nach Gutsherrenart behandeln können. Das schadet nur der Produktivität. Ein Arbeitnehmer, dem der Arbeitgeber – in der Praxis der Vorgesetzte – jederzeit ohne Angabe von Gründen kündigen kann, wird ständig bestrebt sein, sich abzusichern, alternative Stellen auszukundschaften und wenig Neigung zeigen, sich an den Arbeitgeber zu binden. In den USA, wo es fast keinen gesetzlichen Kündigungsschutz gibt, haben sich deshalb viele Arbeitgeber ihren Arbeitnehmern gegenüber verpflichtet, sie nur aus nachprüfbar gutem Grund zu entlassen. Ganz abgesehen von der Wirkung auf die Produktivität hebt es die Lebensqualität der Arbeitnehmer, wenn sie nicht damit rechnen müssen, dass sie jederzeit aus beliebigem Grund entlassen werden könnten.

Pflichtvergessene Mitarbeiter werden geschützt

Der zweite Fall liefert das stärkste Argument gegen einen weitgehenden Kündigungsschutz. Wenn ein Teil der Beschäftigten starke Arbeitnehmerrechte ausnutzt, um eigene Interessen zulasten des Arbeitgebers zu verfolgen, so schädigt das die ganze Firma, also Eigentümer, Manager und pflichtbewusste Arbeitnehmer, denn das Unternehmen verdient weniger und damit gibt es weniger zu verteilen. Unter diesem Aspekt könnte ein starker Kündigungsschutz die Arbeitsmarktchancen derjenigen verschlechtern, bei denen Arbeitgeber das Risiko als besonders hoch einschätzen, dass sie den Schutz auf unfaire Weise ausnutzen. Das trifft v. a. Berufseinsteiger, weil diese weder über Erfahrungen im Arbeitsleben noch über aussagefähige Referenzen aus früheren Tätigkeiten verfügen.

> Wenn Mitarbeiter ihre Entlassung kaum noch fürchten müssen, kann es schwierig werden, unerwünschte Verhaltensweisen abzustellen. Das schadet einerseits der Produktivität, andererseits führt es bei Arbeitgebern, die Einstellungen planen, zu übermäßiger Vorsicht. Das ist das stärkste Argument gegen einen ausgeprägten Kündigungsschutz.

Interessen werden abgewogen

Etwas anders sieht es aus, wenn sich das Arbeitsverhältnis für den Arbeitgeber aus Gründen nicht mehr lohnt, die beim Arbeitgeber oder dessen Geschäftsumfeld liegen. In diesen Fällen ist aus gesellschaftlicher Sicht eine Interessenabwägung erforderlich. Das Interesse des Arbeitgebers allein kann nicht der Maßstab sein. Die Arbeitnehmer haben meist keine gleichwertige Stelle in Aussicht, wenn sie entlassen werden. Und selbst wenn sie eine neue Stelle finden, müssen sie Untersuchungen zufolge meist hohe Gehaltseinbußen in Kauf nehmen. Wenn nun z. B. wegen eines Nachfragerückgangs der Vorteil des Arbeitgebers aus der Fortsetzung eines Arbeitsverhältnisses auf null sinkt oder gar negativ wird, ist der Nutzen für den Arbeitnehmer weiterhin vorhanden. In allen Fällen, in denen der Verlust des Arbeitgebers kleiner ist als der Vorteil des Arbeitsnehmers, ist die Fortsetzung des Arbeitsverhältnisses aus gesellschaftlicher Sicht ein Gewinn.

Dem steht die Gefahr gegenüber, dass Arbeitgeber weniger (feste) Mitarbeiter einstellen, da sie befürchten müssen, bei einzelnen Arbeitsverhältnissen, die sich als unrentabel erweisen, draufzuzahlen.

> Wenn allein die Arbeitgeber darüber entscheiden können, ob sich die Fortsetzung eines Arbeitsverhältnisses lohnt, fällt das Interesse der Arbeitnehmer unter den Tisch. Das ist aus gesellschaftlicher Sicht nicht wünschenswert.

Nicht alle sind gleichermaßen betroffen

Wenn es einen starken Kündigungsschutz gibt, verlängert sich die durchschnittliche Verweildauer in einem Job. Weil die Zahl der frei werdenden Stellen entsprechend sinkt, verlängert sich spiegelbildlich auch die durchschnittliche Dauer der Arbeitslosigkeit. Von der verlängerten Verweildauer profitieren v.a. diejenigen, für die feste Arbeitsverhältnisse normal sind, also Männer im mittleren Alter. Benachteiligt durch die Verlängerung der typischen Dauer der Arbeitslosigkeit sind hingegen v.a. junge Menschen und Frauen, da diese als Gruppe häufiger als Arbeitssuchende auftreten, entweder weil sie den Arbeitsmarkt zeitweise verlassen haben oder weil sie erstmals einen Job suchen.

> Ausgeprägter Kündigungsschutz nützt v.a. Männern im mittleren Alter und ist eher nachteilig für junge Arbeitssuchende und für viele Frauen.

Der empirische Befund

Letztlich ist es wiederum eine empirische Frage, ob mehr Kündigungsschutz mehr Arbeitslosigkeit bedeutet oder weniger. Die verfügbaren Untersuchungen, die sich wegen der dort für die Wirtschaftsforschung günstigen Bedingungen v.a. auf die USA beziehen, deuten überwiegend auf einen geringen negativen Effekt auf die Beschäftigung hin (Autor, Donohue, Schwab 2006). Das ist nicht unplausibel, denn es gibt ja einen positiven und einen negativen Effekt auf die Beschäftigung: Manche Arbeitsverhältnisse werden durch den Kündigungsschutz gerettet, andere kommen gar nicht erst zustande.

Wie bei allem kommt es natürlich auf die Dosis an. Je ausgeprägter der Kündigungsschutz ist, desto wahrscheinlicher dürfte es sein, dass die negativen Wirkungen überwiegen. Für Deutschland gibt es dazu kaum überzeugende empirische Studien, weil hier anders als in den USA keine nach Bundesländern unterschiedlichen Regelungen existieren. Das erschwert einen Wirkungsnachweis.

Man kann aber feststellen, dass in Ländern mit ausgeprägtem Kündigungsschutz wie Spanien die Jugendarbeitslosigkeit tendenziell besonders hoch ist, sei es, weil die Arbeitgeber risikoscheu sind, sei es wegen der oben beschriebenen „Mechanik" der längeren Jobs und der längeren Arbeitslosigkeit für diejenigen, die arbeitslos sind.

> Kündigungsschutz hat positive und negative Wirkungen auf die Beschäftigung, die sich teilweise kompensieren. Empirische Untersuchungen deuten darauf hin, dass zumindest in den USA die negativen Wirkungen auf die Beschäftigung leicht überwiegen. Dieser Effekt und die relative Verschlechterung der Chancen von Frauen und Berufsanfängern ist gegen den Verlust an Arbeitsplatzsicherheit und Lebensqualität einer großen Anzahl von Beschäftigten abzuwägen.

Arbeitslose als industrielle Reservearmee?

Aus der Frühzeit der Industrialisierung stammt die Bezeichnung der Arbeitslosen als industrielle Reservearmee. Demnach stünden sie zur Verfügung, wenn sie gebraucht würden, und müssten bis dahin selbst sehen, wo sie blieben. Zugleich hätten sie noch den Nebeneffekt, die Belegschaften in den Fabriken zu disziplinieren, weil diese fürchten müssten, arbeitslos zu werden. Gilt das auch heute noch? Das Problem, jene Mitarbeiter zu disziplinieren, die nicht von selbst ihr Bestes geben, lässt sich auch bei Vollbeschäftigung lösen, weil nicht alle Stellen gleichwertig sind. Es gibt gute Jobs, in denen die Mitarbeiter ein hohes Maß an Eigenverantwortung und Entscheidungsspielräumen haben, gut bezahlt und wenig kontrolliert werden. Und es gibt schlechte Jobs, die auf Kontrolle basieren und eher schlecht bezahlt sind.

Schlechte Jobs	Gute Jobs
Geringe Eigenverantwortung	Hohe Eigenverantwortung
Schlechte Arbeits-bedingungen	Gute Arbeitsbedingungen
Niedrige Löhne	Hohes Gehalt
Unter enger Kontrolle	Genießt Vertrauen

Charakteristika von schlechten und guten Jobs

Die Tatsache, dass man entlassen worden ist, kann einen stigmatisieren, sodass man für die guten Jobs nicht mehr in Betracht gezogen wird und nur noch schlechte Jobs bekommt.

Auch wenn sich das Disziplinierungsproblem auf diese Weise lösen lässt, bleibt das Problem bestehen, dass eine Wirtschaft, die schon im Normalbetrieb an der Kapazitätsgrenze arbeitet, keine Möglichkeit hat, zusätzliche Nachfrage zu befriedigen. Würde z. B. die Nachfrage aus wichtigen Abnehmerländern zeitweise stark wachsen, hätten die deutschen Produzenten keine freien Kapazitäten, um diese Nachfrage zu bedienen.

Die potenziellen Kunden würden anderswo kaufen. Die deutsche Wirtschaft verlöre Kunden und Marktanteile.

Arbeitskräftereserven müssen allerdings nicht unbedingt in Form von Arbeitslosigkeit gehalten werden. Es ist auch möglich, die Arbeitszeit der Belegschaften zu variieren (Flexibilisierung der Arbeitszeit). Dazu nachfolgend mehr, wenn wir die möglichen Maßnahmen gegen Arbeitslosigkeit untersuchen.

Die Arbeitgeber können, sofern zulässig, die Flexibilitätsreserve auch herstellen, indem sie einen bestimmten Anteil an Leiharbeitnehmern beschäftigen, die sie einfach heimschicken können, wenn es an Absatz mangelt. Das erfüllt für sie den gleichen Zweck und schwächt zusätzlich die Verhandlungsposition der Arbeitnehmer. Deshalb ist den Gewerkschaften der Rückgriff auf Leiharbeiter im großen Stil ein Dorn im Auge.

Eine Unterauslastung des Arbeitskräftepotenzials ist normal, weil die Wirtschaft Reserven braucht. Diese müssen allerdings nicht in Form von Arbeitslosigkeit gehalten werden. Dasselbe Ziel kann auch über etwas reduzierte, aber flexible Arbeitszeiten erreicht werden.

Was hilft gegen die Arbeitslosigkeit?

Es gibt leider kein Patentrezept gegen die Arbeitslosigkeit. Sonst hätte die Wirtschaftsforschung dieses inzwischen gefunden. Ihr stehen die Erfahrungen vieler Länder und deren unterschiedlicher Regierungen als Untersuchungsobjekte zur Verfügung. Doch die Erklärungsversuche dafür, warum die Arbeitslosigkeit in den verschiedenen Ländern und im Zeitablauf so unterschiedlich ausfällt, sind meist vielschichtig und oft umstritten – ein zugegebenermaßen etwas unbefriedigendes Resümee. Alle Möglichkeiten zur Bekämpfung der Arbeitslosigkeit ausführlich zu diskutieren, würde den Rahmen dieses Buches sprengen. Wir werden uns deshalb auf eine kurze Diskussion möglicher Maßnahmen beschränken.

Vermeidung von Rezessionen

Alles, was kräftige Schwankungen der Wirtschaftsentwicklung erfolgreich verhindert, dämpft die Arbeitslosigkeit. Denn in Rezessionen entsteht Langzeitarbeitslosigkeit, die sehr schwer wieder abzubauen ist, unter anderem weil den Betroffenen Fähigkeiten und Kenntnisse abhandenkommen. Wer einmal arbeitslos ist, der wird leicht zum Problemfall abgestempelt, auch wenn er einfach nur Pech hatte.

Kürzere Arbeitszeiten

Arbeitslosigkeit kann man auch abbauen, indem man die von den Arbeitgebern nachgefragte Arbeitsmenge auf mehr Arbeitnehmer verteilt. Das geht entweder über eine Verkürzung der regulären Arbeitszeit, ein Prozess, der in Deutschland Mitte der 1990er-Jahre zu Ende ging, oder aber über vermehrte Teilzeitarbeit. Welche Bedeutung gerade die Teilzeitarbeit haben kann, wird leicht unterschätzt. Der gesamte Beschäftigungsaufbau in Deutschland im ersten Jahrzehnt seit der Jahrtausendwende geht auf Teilzeitbeschäftigung zurück.

Beispiel:

Nach einer Studie des Deutschen Instituts für Wirtschaftsforschung (Benke 2011) ist zwischen den Jahren 2000 und 2010 die Zahl der geleisteten Arbeitsstunden in Deutschland um 1,4 % gefallen. Dennoch nahm die Anzahl der Beschäftigten um über 2 Mio. zu. Das wurde möglich, weil ein Rückgang um 700.000 Vollzeitbeschäftigte durch gut 3 Mio. zusätzliche Teilzeitbeschäftigte weit überkompensiert wurde. Im August 2011 erreichte die Beschäftigtenzahl mit 39,7 Mio. einen Rekordwert.

Teilzeitbeschäftigung ist allerdings eine zwiespältige Sache. Für viele ist es eine Chance, Beruf und Familie oder sonstiges Privatleben besser in Einklang zu bringen. Für viele andere ist es nichts anderes als Teilzeitarbeitslosigkeit. So übte nach Angaben des Deutschen Instituts für Wirtschaftsforschung 2008 etwa jeder dritte Teilzeitbeschäftigte nur einen Minijob aus (bis 400 EUR pro Monat). Ein Viertel der Teilzeitbeschäftigten oder rund 2 Mio. Menschen würden länger arbeiten, wenn sie die Möglichkeit dazu bekämen.

Flexible Arbeitszeiten

Damit Konjunkturschwankungen nicht zu Arbeitslosigkeit führen, die sich womöglich verfestigt, sollten die Betriebe – nötigenfalls mit staatlicher Unterstützung oder staatlichem Druck – Reservekapazitäten dadurch bereit halten, dass sie die Arbeitszeit flexibilisieren.

Beispiel:

Während der Wirtschaftskrise 2008/2009 wurde dies in Deutschland mit großem Erfolg praktiziert. Statt Leute zu entlassen, wurden diese in Kurzarbeit geschickt, wobei sie für den gekürzten

Teil der Arbeitszeit staatliches Kurzarbeitergeld erhielten. Eine mindestens ebenso große Rolle spielten *Arbeitszeitkonten*. Unternehmen, die in der Flaute weniger Aufträge hatten, ließen ihre Arbeitnehmer Arbeitszeitguthaben abbauen und Zeitschulden aufbauen, die sie später aufholen konnten, wenn wieder mehr zu tun war. Sehr vielen Menschen bleib dadurch Arbeitslosigkeit erspart und die Betriebe konnten schnell auf die anziehende Nachfrage reagieren.

Arbeitszeitkonten sind eine wichtige und zunehmend gebräuchliche Form der Flexibilisierung der Arbeitszeit. Die Arbeitszeit wird erfasst; Überstunden werden nicht ausbezahlt, sondern in Freizeit abgegolten; der Aufbau von Zeitschulden ist möglich. Damit Arbeitszeitkonten zum Ausgleich von Nachfrageschwankungen eingesetzt werden können, muss der Ausgleichzeitraum deutlich länger als ein Monat sein.

Kern des Flexibilisierungsgedankens ist, dass die Arbeitgeber mehr Leute einstellen, als sie bei einer 40-Stunden-Woche brauchen. Sie lassen diese bei Normalauslastung z.B. nur 35 Stunden pro Woche arbeiten, bei Auftragsspitzen aber länger. Das Nettoeinkommen der Arbeitnehmer insgesamt würde dadurch nicht sinken, es würde nur etwas anders verteilt. Bisher Arbeitslose würden mehr verdienen, bisher Vollzeitbeschäftigte etwas weniger. Weil aber das Interesse der Arbeitgeber an Vollbeschäftigung wie oben argumentiert nicht sehr ausgeprägt ist, werden solche Modelle zumeist nur in industriellen Großbetrieben wie Volkswagen umgesetzt, in denen die Gewerkschaften eine starke Position haben.

Es gibt allerdings noch Möglichkeiten, den Arbeitgebern und den produktiveren Arbeitnehmern das selten genutzte Arrangement schmackhaft zu machen. Ein intelligentes Modell flexibler Arbeitszeiten könnte so aussehen: Bei Normalauslastung ist die Arbeitszeit auf 35 Stunden begrenzt. Der Arbeitgeber hat das Recht, einen bestimmten Anteil aller Arbeitnehmer, die das möchten und die hohen Einsatz und hohe Produktivität bewiesen haben, länger arbeiten zu lassen. Dieser Anteil könnte mit zunehmender Kapazitätsauslastung steigen, müsste aber im langjährigen Durchschnitt wieder auf das Normalmaß sinken. Das würde neben der Flexibilisierung auch Leistungsanreize setzen, aber auf wirksamere und weniger willkürliche Art als heute, wo eine relativ große Gruppe von Arbeitnehmern gar keine Arbeit hat, oft ohne eigenes Verschulden.

Gute Wirtschaftsstruktur

Ein großer Anteil von Betrieben mit hoher Wertschöpfung ist nötig, damit eine Volkswirtschaft auch bei hohen Löhnen international wettbewerbsfähig bleibt. Hier ist die Wirtschaftspolitik in ihrer ganzen Breite gefragt. Sie muss dafür sorgen, dass Betriebe mit hoher Wertschöpfung gute Bedingungen vorfinden. Dazu gehört unter anderem, dass sie nicht von unnötiger Bürokratie drangsaliert werden. Auch gute Schulen und Hochschulen sowie die Schaffung guter Bedingungen für Forschung und Entwicklung sind dafür wichtig. Die anspruchsvollen Stellen, die wertschöpfungsintensive Betriebe anbieten, schaffen bei den (künftigen) Arbeitnehmern einen Anreiz zu Qualifizierung. Das wiederum erleichtert es den Betrieben, Kandidaten für anspruchsvolle Stellen zu finden.

Bildung

Ein gutes Schul- und Ausbildungssystem ist ein sehr wichtiger Baustein zur Senkung der Arbeitslosigkeit. Denn von Arbeitslosigkeit betroffen sind v.a. die gering Qualifizierten. Es kommt daher zur Bekämpfung der Arbeitslosigkeit besonders darauf an, den Kindern aus bildungsfernen Schichten eine gute Schulbildung zukommen zu lassen. Auch die höhere Schulbildung und universitäre Bildung sind natürlich bedeutsam, denn ohne ein ausreichendes Angebot an gut ausgebildeten Fachleuten können Unternehmen mit hoher Wertschöpfung, die zumeist neben den hochqualifizierten auch viele einfachere Arbeitsplätze bereitstellen, nicht wachsen. Ein besonderer Fokus auf Elitenförderung kostet dagegen viele Länder mehr, als er einträgt. Denn die Besten der Besten bewegen sich auf einem internationalen Arbeitsmarkt. Sie wandern oft mitsamt ihrer teuren Ausbildung ins Ausland ab.

Beispiel:

Viele der besten deutschen Volkswirte sind der besseren Gehälter wegen nach London oder New York abgewandert. Sie arbeiten dort in hochrangiger Stellung für die ortsansässigen Investmentbanken, darunter Morgan Stanley, BNP Paribas, Goldman Sachs, Credit Suisse und andere internationale Institute.

Arbeit für die weniger Produktiven

Es gibt immer Menschen, die aufgrund psychischer oder körperlicher Probleme im gewinnorientierten Privatsektor schwer vermittelbar sind. Die öffentliche Hand, die nicht auf Gewinnmaximierung ausgerichtet ist, kann diesen Menschen eine Arbeit geben, anstatt sie fürs Nichtstun zu bezahlen. Das hilft den Betroffenen, die so die Chance auf eine erfüllende Aufgabe bekommen, und ist besser für den Steuerzahler. Zusätzlich könnten die Unternehmen des Privatsektors verpflichtet werden, einen gewissen Anteil von Arbeitnehmern mit einem diagnostizierten Handicap zu beschäftigen. Das gibt es in Deutschland bereits. Die „Strafe" für die Nichterfüllung der Quote wird aber aus der Portokasse bezahlt, und selbst viele staatliche Stellen erfüllen ihre Quote nicht.

Niedrigere Löhne

Wie schon erwähnt, funktioniert die Strategie einer Senkung der Arbeitslosigkeit über niedrigere Löhne am ehesten dann, wenn die Exportquote hoch und der Wechselkurs fest ist. Die Nebenwirkung von Lohnsenkungen zur Bekämpfung der Arbeitslosigkeit ist eine ungleichere Einkommensverteilung zulasten der Arbeitnehmer und zugunsten der Bezieher von Gewinneinkünften. Eine andere Nebenwirkung ist, dass die Arbeitslosigkeit in den Ländern, die die zusätzlichen Exporte abnehmen, steigt. Das kann zu ernsten Konflikten oder Verwerfungen im internationalen Wirtschaftskreislauf führen, wie z. B. zu der Euro-Krise, die um das Jahr 2009 begann. Auf diese werden wir noch zurückkommen.

Warum bezahlen große Unternehmen besser?

Große Industrieunternehmen wie Volkswagen oder Siemens bezahlen i. d. R. deutlich höhere Löhne für vergleichbare Arbeit als kleinere. Und Industrieunternehmen zahlen meist deutlich besser als haushaltsnahe Dienstleistungsfirmen. Woran liegt das? Dafür gibt es v. a. drei Gründe:

- Großbetriebe müssen mehr bezahlen, um genügend passende Arbeitskräfte aus einem hinreichend weiten Umkreis anzuziehen.
- Bei großen Industriebetrieben ist mehr zu holen, denn sie arbeiten kapitalintensiver, erwirtschaften daher einen höheren Gewinn je Arbeitskraft und können zudem aufgrund der Vorteile der Massenproduktion zu geringeren Stückkosten produzieren (bei gegebenem Lohnsatz).
- Die Gewerkschaften genießen in Industriebetrieben, insbesondere in großen, eine stärkere Machtposition.

Die Unterschiede sind beträchtlich. So sind nach einer Untersuchung von Du Caju, Rycx und Tojerov (2009) die Löhne für angelernte Arbeiter in den besonders kapitalintensiven Branchen der Wasser-, Gas- und Stromversorger etwa zweieinhalbmal so hoch wie im arbeitsintensiven Hotel- und Gaststättengewerbe. Die Höhe der Gewinne je Arbeitnehmer erklärt etwa die Hälfte der Lohnunterschiede zwischen den Branchen. Der zweitwichtigste Faktor ist die Unternehmensgröße.

Die folgende Tabelle zeigt beispielhaft einige Tariflöhne in der niedrigsten Tarifgruppe für volljährige Arbeitnehmer in Baden-Württemberg oder Westdeutschland. Die Unterschiede bei den tatsächlich gezahlten Löhnen sind noch größer.

Branche	Niedrigster Tariflohn in EUR
Systemgastronomie	6,15
Friseurgewerbe	6,38
Hotel- und Gaststättengewerbe	8,07
Einzelhandel	8,81
Süßwarenindustrie	9,88
Textilindustrie	10,36
Metall- und Elektroindustrie	12,64
Chemische Industrie	13,06
Steine- und Erden-Industrie	13,32

Tariflöhne in der niedrigsten Tarifgruppe (Beispiele)

Selbst identische Tätigkeiten, wie etwa Reinigungsaufgaben, werden in Industriebetrieben wesentlich besser entlohnt, als wenn sie von vergleichbaren oder gar denselben Arbeitnehmern in Dienstleistungsbetrieben ausgeführt werden.

Bei gleicher Leistung und Qualifikation unterscheiden sich die Löhne je nach Branche und Unternehmen beträchtlich. Der Gewinn je Arbeitnehmer (der wiederum vom Kapitaleinsatz abhängt) und die Unternehmensgröße sind die wichtigsten Treiber der Lohnunterschiede.

In Dienstleistungsbetrieben stellen die Löhne den größten Kostenblock dar. Wenn hier die Arbeitnehmer für eine Lohnerhöhung von beispielsweise 20 % streiken würden, um so den Rückstand zu ungelernten Industriearbeitern abzubauen, hätte das wenig Aussicht auf Erfolg. Nach einer Lohnerhöhung von 20 % würden ihre Betriebe wahrscheinlich Verluste schreiben, jedenfalls wenn sie die Preise nicht entsprechen anpassen könnten. Letzteres verhindert i.d.R. der starke Wettbewerb zwischen den zumeist eher kleinen Betrieben des Dienstleistungsgewerbes. Weil so wenig zu holen ist, ist im Dienstleistungssektor der Organisationsgrad der Arbeitnehmer besonders gering, entsprechend schwach ist ihre Verhandlungsmacht.

Anders verhält es sich in einem Industriebetrieb. Wenn hier die Arbeiter streiken, stehen teure Maschinen still. Umgekehrt kostet Nachgiebigkeit einen Industriebetrieb verhältnismäßig wenig, weil die Löhne einen geringeren Anteil an den Gesamtkosten ausmachen. Um effizient in Massenfertigung produzieren zu können, müssen die Betriebe eine Mindestgröße aufweisen. Dadurch ist der Wettbewerb weniger ausgeprägt. Entsprechend leichter ist es, Lohnsteigerungen auf die Kunden zu überwälzen.

Große Industriebetriebe haben besonders großen Nutzen aus den Vorteilen der Kostendegression gezogen, was i.d.R. mit besonders ausgeprägten Gewinnmöglichkeiten einhergeht. Sie müssen also nicht nur mehr bezahlen, um Arbeitskräfte aus entfernten Regionen anzuziehen, sie können sich das auch leisten.

Die guten Stellen sind rationiert

An dieser Stelle fragen Sie sich vielleicht: Warum gehen nicht alle Arbeitnehmer in die Großindustrie, anstatt sich zu viel niedrigeren Löhnen in Dienstleistungsbetrieben und Kleinbetrieben zu verdingen? Dafür gibt es ein paar einfache Gründe. Zunächst einmal haben die Menschen unterschiedliche Vorlieben. Sie arbeiten nicht nur, um Geld zu verdienen, sondern möchten auch etwas tun, was sie befriedigt oder ihnen Spaß macht. Wer gerne manikürt oder Kinder oder alte Menschen betreut, wird nicht unbedingt in die Fabrik gehen, nur weil der Lohn dort höher ist.

Der andere Grund lautet schlicht, dass die besonders gut bezahlten Stellen in den großen Industriebetrieben rationiert sind.

Beispiel:

 Schon bevor Henry Ford 1914 den Arbeitslohn verdoppelte, gab es viel mehr Leute, die bei ihm arbeiten wollten, als er einstellen konnte. Nach der Lohnerhöhung weitete sich das Ungleichgewicht noch aus. Die Stellen bei Ford waren noch attraktiver geworden, aber die Fluktuation ging deutlich zurück und es gab nicht entsprechend mehr Stellen. Die Chancen, eine der begehrten Stelle zu bekommen, sanken deutlich.

Auch heute kann kaum jemand einfach entscheiden, zu einem industriellen Großunternehmen wie BMW oder der Telekom zu gehen. Es gibt nicht allzu viele Betriebe dieser Unternehmen, und die dortigen Arbeitsplätze sind sehr begehrt. Man muss die richtigen Leute kennen oder zur richtigen Zeit am richtigen Ort sein, um eine dieser Stellen zu ergattern.

> Die großen Lohnunterschiede für vergleichbare Tätigkeiten zeigen, wie begrenzt der Wettbewerb auf dem Arbeitsmarkt ist. Die guten Stellen sind rationiert.

Teile und herrsche

Ganz ohne Gegenwehr nehmen es die großen, kapitalintensiven Unternehmen nicht hin, dass sie für vergleichbare Arbeit wesentlich mehr bezahlen müssen. Zunehmend nutzen sie Möglichkeiten der modernen Kommunikationstechnik und Logistik sowie rechtliche Erleichterungen, um Belegschaften in arbeitsintensiven Tätigkeiten abzuspalten. Das tun sie etwa, indem sie Tochtergesellschaften gründen und die arbeitsintensiven Tätigkeiten dorthin ausgliedern.

Beispiel:

Im Mai 2011 meldete die Nachrichtenagentur Reuters, dass Lufthansa ihre bis dahin zentral gesteuerte Catering-Tochter LSG SkyChefs auf zwölf neue Gesellschaften in ganz Deutschland aufteilen werde. Damit wolle sich Lufthansa aus dem Griff der mächtigen Gewerkschaften am Standort Frankfurt lösen. Nach Angaben des Managements arbeiteten die SkyChefs um 30 % teurer als die Konkurrenz. Deshalb müssten langfristig die Kosten gesenkt werden, was in diesem Bereich fast nur über Lohnsenkungen möglich sei.

Das führt dazu, dass etwa die Reinigungskräfte oder auch die Büroangestellten in der Gehaltsbuchhaltung nicht mehr davon profitieren können, dass die Fabrikarbeiter mit ihrer großen Verhandlungsmacht Tarifverträge erstreiten, die auch für sie günstige Konditionen beinhalten. In aller Regel sinken bei einer Ausgliederung von Teilunternehmen die

Löhne und Gehälter der betroffenen Mitarbeiter, oft sogar sehr deutlich.

Beliebt ist auch die Aufspaltung in Tochterunternehmen nicht nur entlang von Tätigkeiten, sondern auch in unterschiedlich kapitalintensiv arbeitende Sparten. Dadurch lassen sich die Löhne in den weniger kapitalintensiven Sparten drücken.

Beispiel:

 Durch die Ausgründung von Regionalfliegern aus dem Mutterkonzern gelang es Lufthansa und anderen Fluggesellschaften in den letzten Jahren, die Löhne der dort beschäftigten Piloten und sonstigen Mitarbeiter deutlich zu drücken. Regionalflieger nutzen kleinere Maschinen, die erheblich billiger sind als die großen Langstreckenflugzeuge. Der Arbeitskostenanteil ist bei ihnen dadurch höher, die Kapitalintensität spiegelbildlich geringer.

In der Automobilindustrie wird die Abspaltung der weniger kapitalintensiven Produktionszweige schon lange sehr intensiv betrieben. Während die Pioniertat von Ford noch darin bestand, eine integrierte Fabrik zu erstellen, in die Rohmaterialien für Stahl am einen Ende hineingingen und ein fertiges Automobil am anderen Ende herauskam, funktioniert die Branche heute ganz anders. Daimler, Volkswagen und BMW betreiben nur noch die kapitalintensiven Fertigungsstraßen selbst. Sehr viele der Teile, die an diesen Straßen in die Fahrzeuge eingebaut werden, werden von Zulieferern gefertigt. Diese produzieren in aller Regel mit geringerem Kapitaleinsatz und sind oft kleiner. Gewerkschaften haben dort einen schwereren Stand, die Löhne sind niedriger.

> Durch Ausgliederung von Tochtergesellschaften, in die arbeitsintensive Produktionsprozesse ausgelagert werden, gelingt es vielen Unternehmen, die Löhne eines Teils ihrer Belegschaft deutlich zu drücken.

Warum verdienen Frauen weniger als Männer?

Frauen verdienen in Deutschland, wie in den meisten anderen Ländern, erheblich weniger als Männer in vergleichbarer Position und sind in Führungspositionen weit seltener anzutreffen. Das gilt umso mehr, je höher die Führungsposition angesiedelt ist. Hier soll es nicht um die (wichtige) Frage gehen, ob und wie Männerseilschaften ihre Pfründe verteidigen oder ob Unterschiede in der weiblichen und männlichen Psyche dazu führen, dass Frauen weniger hart verhandeln und weniger intensiv um die Führungsposten konkurrieren.

Beispiel:

 Ein Ökonomenteam heuerte Testkäufer an, die versuchen sollten, bei Gebrauchtwagenhändlern gute Preise auszuhandeln. Alle wurden in der gleichen Verhandlungsführung geschult, traten gleich auf und waren ähnlich ausstaffiert. Dennoch waren die Händler gegenüber Frauen und Schwarzen viel weniger nachgiebig als gegenüber weißen Männern. Es nützt Frauen also nicht unbedingt sehr viel, wie Männer aufzutreten, wenn die Gegenseite in Schablonen denkt. So richten sich die Gebrauchtwagenhändler nach ihren Erfahrungswerten, wonach Frauen weniger kundig und daher leichter zu übervorteilen sind.

Hier soll es v. a. um die Frage gehen, warum der Wettbewerb um die besten Mitarbeiter und Führungskräfte Unternehmen nicht dazu zwingt, Frauen annähernd gleich gut zu bezahlen und ihnen annähernd gleich gute Karrieremöglichkeiten zu bieten wie Männern. Um das zu verstehen, ist es wiederum wichtig, sich zu verdeutlichen, wie begrenzt der Wettbewerb der Arbeitgeber um Arbeitskräfte im Normalfall ist. Eine Frau in einem bestimmten Beruf hat i. d. R. nur wenige Arbeitgeber in ihrer Umgebung, die für eine Bewerbung in Frage kommen; die Anzahl der tatsächlich freien Stellen ist noch weitaus geringer. Wenn nun in der Ausgangslage Frauen schlechter bezahlt werden als Männer, so ist der Wettbewerbsdruck hin zu einer Angleichung sehr gering. Denn wenn eine Frau zu einem anderen Unternehmen wechselt, weil sie sich unterbezahlt fühlt, so muss dieses ihr nicht so viel bezahlen wie einem Mann, sondern nur etwas mehr, als sie in ihrem alten Unternehmen verdient hat.

Dazu ist kein Diskriminierungswille erforderlich. Es unterscheiden sich lediglich die Verhandlungspositionen. Der Mann sagt: „Zu diesem Gehalt komme ich nicht, weil ich in meinem alten Betrieb mehr verdiene." Also erhält er mehr, wenn man ihn haben will. Die schlechter bezahlte Frau kann das nur behaupten, wenn sie hoch pokern will. Entsprechend schwerer hat sie es, ein Gehalt auszuhandeln, wie es dem Mann zugestanden wird.

Hinzu kommt, dass Frauen aufgrund ihrer traditionellen Rolle in der Familie oft in einer schlechteren Verhandlungsposition sind. Sie können weniger weit pendeln und sind auf familienfreundliche Arbeitszeiten angewiesen, was ihre Auswahl an potenziellen Arbeitgebern einengt. Deshalb verdienen Frauen weniger als Männer, verheiratete Frauen weniger als unverheiratete und Frauen mit kleinen Kindern am wenigsten.

Dabei muss die Regel, dass die Frau weniger Auswahlmöglichkeiten hat als der Mann, im Einzelfall gar nicht zutreffen. Aber wenn die Personalverantwortlichen sich auf Erfahrungswerte verlassen, wonach Frauen auch ein niedriger dotiertes Angebot i.d.R. annehmen, nützt das der Betroffenen wenig. Selbst wenn sie hart verhandelt, gibt die Gegenseite weniger leicht nach als bei männlichen Bewerbern und verlässt sich eher darauf, dass die Frau nachgeben wird, wenn es heißt: „Mehr ist nicht drin."

> Frauen haben eine schlechtere Verhandlungsposition, weil vielen Frauen weniger vergleichbare Jobs offenstehen, weil sie in früheren Jobs meist weniger als Männer verdient haben und weil die Gegenseite diese Erfahrungswerte bei ihrer Verhandlungsführung berücksichtigt.

Warum arbeiten Amerikaner so viel mehr als Deutsche?

Angestellte in New York haben im Durchschnitt 13 Tage Urlaub im Jahr. In Berlin sind es dagegen 29 Tage. Auch die Wochenarbeitszeit ist in New York zwei Stunden länger. Auf das Jahr hochgerechnet arbeiten vollzeitbeschäftigte US-Amerikaner gut 15 % mehr als Deutsche. Das ist erstaunlich. Denn eigentlich entscheiden die Menschen sich mit zunehmendem Reichtum i.d.R., weniger zu arbeiten. Sie entscheiden sich, nicht nur mehr Güter zu konsumieren, sondern auch mehr Freizeit. Deshalb wird in reicheren Ländern zumeist weniger gearbeitet als in ärmeren.

Die USA sind aber unter den großen Industrieländern das reichste Land. Warum arbeiten die Amerikaner dann so viel, die Deutschen und andere Europäer so wenig? Liegt es an den in Europa höheren Steuern auf das Einkommen, wie manche (US-amerikanische) Ökonomen meinen? Wenn sich Mehrarbeit weniger lohnt, weil man einen relativ großen Teil des Verdienten an den Staat abgeben muss, dann wird weniger geleistet, lautet das Argument. Es ist nicht auszuschließen, dass an dieser Erklärung etwas dran ist, schlüssig empirisch nachweisen konnte sie noch niemand. Oder liegt es daran, dass die Amerikaner konsumorientierter sind und noch stärker als wir mit ihren Nachbarn um das teurere Auto und das größere Haus konkurrieren? Auch das könnte etwas zur Erklärung beitragen.

Vertragsfreiheit kann schaden

Es gibt jedoch noch eine dritte wichtige Erklärungshypothese. In den USA sind die Arbeitnehmer bei ihren Vertragsverhandlungen stärker als in Europa auf sich selbst gestellt, weil Gesetze und Tarifverträge viel weniger Vorgaben machen. In einem solchen Umfeld ist es plausibel, dass sich die Arbeitnehmer einfach nicht trauen, ihren Arbeitgebern zu sagen, dass sie lieber etwas mehr Urlaub hätten und dafür auch mit weniger Gehalt zufrieden wären. Mehr Geld kann man immer fordern, ohne dass der Arbeitgeber daraus unvorteilhafte Schlüsse zieht. Schließlich zeigt man damit, dass man von seinem Wert überzeugt ist. Anders sieht es aus, wenn man um mehr Urlaub und kürzere Arbeitszeiten bittet. Der Arbeitgeber, der den Bewerber ja nicht wirklich kennt und im Laufe der

Vertragsverhandlungen versucht, mehr über diesen herauszufinden, wird daraus schließen, dass der Bewerber die Arbeit nicht über alles stellt und keine großen Ambitionen hat. Wer bessere Gesundheitsleistungen einfordert, setzt sich dem Verdacht aus, kränklich zu sein. Wer versucht, großzügigen Mutterschutz auszuhandeln, wählt einen sicheren Weg, nicht eingestellt zu werden.

Beispiel:

 Bei manchen Kanzleien von Rechtsanwälten und Wirtschaftsprüfern kommt es systematisch zur Überarbeitung der Beschäftigten. Denn wer einmal zum Partner aufgestiegen ist, erhält seinen Anteil am Gewinn, gleich ob er nun viel oder wenig arbeitet. Damit nur die besonders Arbeitseifrigen zum Partner aufsteigen, werden alle Junior-Mitarbeiter übermäßig stark mit Arbeit belastet. Nur diejenigen, die besonders arbeitseifrig sind, halten das längere Zeit aus.

Typischerweise haben die Arbeitnehmer weniger Stellen zur Auswahl als die Arbeitgeber geeignete Kandidaten. Sie sind stärker darauf angewiesen, eine Stelle zu erhalten, als die Arbeitgeber, die Vakanz schnell zu füllen. Einzelne Arbeitnehmer, die ihre Vertragsbedingungen aushandeln müssen, während der Arbeitgeber noch entscheiden kann, ob er sie einstellt, werden daher in den Verhandlungen nicht ihre ehrlichen Vorlieben offenbaren. Sie werden eher unproblematische Forderungen stellen als solche, die zu ungünstigen Vermutungen hinsichtlich ihrer Arbeitsmoral führen könnten. Wenn aber eine Seite ihre wahren Vorlieben gar nicht in die Verhandlungen einbringt, kann am Ende auch keine Vereinbarung herauskommen, welche diese Vorlieben angemessen widerspiegelt.

Arbeitnehmer haben in Vertragsverhandlungen einen Anreiz, ihre Freizeitwünsche zu untertreiben und stattdessen mehr Geld zu verlangen. Das lässt sie besonders arbeitseifrig und ehrgeizig wirken und verbessert so ihre Chance, die Stelle überhaupt zu bekommen.

In Deutschland und Westeuropa wird den einzelnen Arbeitnehmern die Last, solche problematischen Verhandlungen selbst zu führen, viel stärker abgenommen. Mindeststandards werden kollektiv geregelt. Der Gesetzgeber schreibt in Deutschland vier Wochen Mindesturlaub vor. Wäre das zu viel, müssten die Wähler dies ändern, aber die meisten Arbeitnehmer haben aufgrund von Vereinbarungen der Tarifpartner noch mehr Urlaubstage und wollen diese auch behalten. Der Staat und Tarifverträge begrenzen auch die Wochenarbeitszeit und die tägliche Arbeitszeit. Der Mutterschutz wird per Gesetz geregelt. Würden diese Regeln den Präferenzen der meisten Arbeitnehmer zuwiderlaufen, weil sie lieber mehr Geld und weniger Freizeit hätten, dann könnten und müssten die Regeln kollektiv geändert werden. Indizien, dass diesbezüglich verbreitete Unzufriedenheit herrscht, gibt es aber nicht.

Der Wettkampf um Status

Es gibt noch einen weiteren Grund, der dafür sorgt, dass bei gemeinschaftlicher Arbeitszeitverhandlung eine kürzere Arbeitszeit vereinbart wird, als wenn jeder einzeln verhandelt. Das Einkommen, das man durch Arbeit erwirbt, wird wie erwähnt nicht nur deshalb geschätzt, weil es Konsum ermöglicht, sondern auch, um damit seine Stellung in der Gesellschaft zu demonstrieren. Ein schönes Haus in einer guten Gegend, ein teures Auto, hochwertige Bekleidung, all das zeigt den Mitmenschen, dass man etwas kann und jemand ist.

Aufgrund dieses Aspekts gibt es einen Anreiz, mehr zu arbeiten, um mehr zu verdienen und dadurch im Wettkampf um Ansehen einen Vorteil zu erringen. Wenn der Nachbar oder Kollege es macht, muss man mithalten, wenn man im Rennen um Status nicht zurückfallen will. Wenn aber alle einen Tarifvertrag und ein Arbeitszeitgesetz einhalten müssen, das unsere Arbeitszeit begrenzt, dann können wir uns diesen Konkurrenzkampf sparen und die meisten sind besser dran.

Auf einen Blick: Arbeit

- Es gibt keinen einzelnen, alles entscheidenden Grund für Massenarbeitslosigkeit. Zu hohe Löhne sind allenfalls in Teilbereichen von Bedeutung.

- Arbeitskräftereserven lassen sich auch ohne Arbeitslosigkeit aufbauen, indem man Arbeitszeiten flexibilisiert. Das verlangt allerdings viel Koordination zwischen den Tarifparteien und ist für die Arbeitgeber weniger günstig.

- Industrieunternehmen, v. a. große, bezahlen besser, weil sie kapitalintensiver produzieren und mehr Gewinn je Arbeitnehmer erwirtschaften. Dadurch ist die Verhandlungsmacht der Arbeitnehmer größer.

- Ausgliederungen von Unternehmensteilen und Produktionsauslagerungen dienen oft dazu, die Verhandlungsmacht der Arbeitnehmer zu schwächen und so die Löhne von Teilen der Belegschaft zu senken.

- Frauen verdienen weniger, weil die Unternehmen (oft zu Recht) davon ausgehen, dass sie weniger berufliche Alternativen und daher weniger Verhandlungsmacht haben als Männer.

- Arbeitssuchende können bei Vertragsverhandlungen ihre wahren Präferenzen nicht offenbaren. Deshalb kann es sinnvoll sein, wenn Gewerkschaften Arbeitszeit und Urlaubsansprüche kollektiv aushandeln.

Weltwirtschaft

Trotz aller Beteuerungen von Politikern, das Wohlstands-gefälle zwischen reichen und armen Ländern abbauen zu wollen, bleibt die Welt auch im 21. Jhd. zweigeteilt. Doch wie wurden die reichen Länder so reich, und warum bleiben die armen Länder weiterhin arm?

In diesem Kapitel erfahren Sie,

- warum Busfahrer hier viel mehr als in Nigeria verdienen,
- ob die Globalisierung allen Beteiligten nützt,
- welchen Nutzen freier Handel unter gleich weit entwickel-ten Ländern stiftet,
- warum Freihandel zwischen hochentwickelten und wenig entwickelten Ländern die Unterentwicklung verfestigt,
- ob Afrika zur Armut verdammt ist.

Warum sind wir so reich und andere Länder so arm?

Die Welt ist aufgeteilt in einige Dutzend reiche Länder, sehr viele arme Länder und einige wenige, die dazwischen liegen. Das Erstaunliche daran ist, dass (mit Ausnahme der Öl-staaten) überwiegend Länder ohne viele Bodenschätze und sonstigen natürlichen Reichtum wirtschaftlich besonders erfolgreich sind. Deutschland und Japan haben kaum natürliche Bodenschätze und im Verhältnis zu ihrer Bevölkerung wenig nutzbare Fläche, doch sie gehören zu den reichsten Ländern der Erde. Afrika ist reich an Bodenschätzen und Fläche und ist doch das scheinbar hoffnungslose Armenhaus der Welt.

Die Auflösung des Rätsels liegt v.a. in den Vorteilen der technisierten, industriellen Massenproduktion. Länder ohne Bodenschätze und mit wenig fruchtbarem Land, wie z.B. Holland, haben sich früh darauf spezialisiert, Dinge zu produzieren, die für den Verkauf und Export geeignet waren, wie z.B. Textilien, Segel oder Glas. Je mehr sie das taten, desto besser wurden sie darin, sodass Nachahmer ihnen auch dann nicht die Butter vom Brot nehmen konnten, wenn sie recht hohe Preise für ihre Produkte verlangten.

Reich geworden sind v.a. jene Länder, denen es frühzeitig gelang, in einer Schlüsselindustrie vorne mitzuspielen. Im ausgehenden Mittelalter war eine solche Schlüsseltechnologie die Textilherstellung. Sie brachte zunächst einigen Stadt-staaten in der Toskana wie Florenz und Venedig, aber auch

Holland, großen Wohlstand. Die Menschen in diesen Regionen erzielten mit ihren Spinnereien und Webereien einen technologischen Vorsprung. Sie konnten dadurch Textilien billiger und in höherer Qualität herstellen als Produzenten in anderen Ländern. Deshalb stellte sich eine Arbeitsteilung ein, bei der andere Regionen Rohstoffe für die Textilproduktion und Nahrungsmittel an die Textilregionen lieferten. Diese lieferten im Gegenzug günstige Textilien. Je mehr sich diese Arbeitsteilung herausbildete, desto mehr konnten die Textilhersteller die Vorteile der Spezialisierung und der Massenproduktion nutzen und dadurch ihren technologischen Vorsprung vergrößern. Dadurch konnten sie ihre Waren weit über Produktionskosten verkaufen und wurden immer reicher. Diesen Kreislauf veranschaulicht die folgende Abbildung.

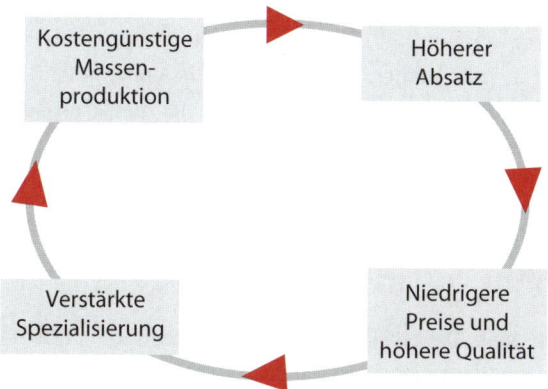

Der Kreislauf des steigenden Wohlstands

Für die Lieferanten war die Arbeitsteilung nicht ganz so günstig. In der Landwirtschaft hielten sich die Vorteile der Massenproduktion sehr in Grenzen, solange Mechanisierung und Automatisierung hier noch nicht Einzug gehalten hatten.

> In der internationalen Arbeitsteilung profitieren die Länder, die sich auf Güter spezialisieren, in denen technischer Fortschritt eine wichtige Rolle spielt und deren Produktionskosten mit zunehmender Menge sinken.

Immer wieder kommt es zwar vor, dass Länder, die einen stark nachgefragten Rohstoff herstellen, damit einigen Wohlstand erzielen. Dieser ist aber meist nur von begrenzter Dauer und endet, sobald irgendwann die Nachfrage wieder abflaut, weil sich die Technologie geändert hat, ein Konkurrenzprodukt gefunden wurde oder andere Länder den Rohstoff nun ebenfalls produzieren. Das Privileg, mit der Ausbeutung von Bodenschätzen dauerhaft Wohlstand schaffen zu können, genießen fast nur Länder mit sehr hohen Vorkommen an wertvollen Bodenschätzen bei relativ kleiner Bevölkerungszahl, wie die arabischen Erdölexporteure.

Warum verdienen Busfahrer hier viel mehr als in Nigeria?

Auch innerhalb Deutschlands verdienen Arbeiter in erfolgreichen Industriebetrieben viel mehr als etwa Hotelfachkräfte mit gleichem oder gar höherem Ausbildungsstand. Daher ist es kein Wunder, dass die Menschen in Entwicklungsländern ohne international konkurrenzfähige Industrie im Durchschnitt weniger verdienen. Aber es ist nicht nur der Mangel an gut bezahlten Industriearbeitsplätzen, der den Durchschnitt drückt. Auch außerhalb der Industrie verdienen Arbeitnehmer in Entwicklungsländern, die mit der gleichen Ausrüstung genau das Gleiche tun wie ihre Kollegen in den Industrieländern, nur einen Bruchteil von deren Löhnen.

Beispiel:

 Bei angelernten Beschäftigten von McDonald's gibt es im internationalen Vergleich riesige Lohnunterschiede, obwohl Produktionsverfahren und Produkte praktisch identisch sind. Ashenfelter und Jurajda (2001) stellten fest, dass ein indischer Hamburger-Wender drei Stunden arbeiten muss, um einen Big Mac mit nach Hause nehmen zu können, ein russischer zwei Stunden, ein brasilianischer oder polnischer eine Stunde, ein deutscher 20 Minuten und ein japanischer acht Minuten.

Ein Busfahrer in Lagos verdient etwa ein Sechzehntel dessen, was sein Berufskollege in Frankfurt verdient. Solche riesigen Unterschiede kann es geben, weil Dienstleistungen wie Bus fahren oder Haare schneiden nicht international transportiert und gehandelt werden können und weil nigerianische Busfahrer nicht einfach nach Deutschland gehen dürfen, um dort im Busfahrergewerbe zu arbeiten.

Aber wie entstehen diese Unterschiede überhaupt? Wenn v.a. die Vorteile der industriellen Massenproduktion für den Reichtum von Ländern verantwortlich sind, dann bedeutet das ja nicht automatisch, dass auch in Wirtschaftsbereichen, in denen es keine Massenproduktion und wenig Spezialisierung gibt, die Löhne in ähnlicher Größenordnung steigen. Rein ökonomisch betrachtet gibt es wenig, was verhindern würde, dass in Deutschland Friseure (inflationsbereinigt) ähnlich wenig verdienen wie vor hundert Jahren oder wie in einem Entwicklungsland, während Industriearbeiter ein Vielfaches dieses Vergleichsmaßstabs verdienen. Die wesentlichen Einflusskräfte, die das verhindern, sind politischer Art. Der gesellschaftliche Zusammenhalt wäre unter solchen Bedingungen gefährdet. Bei allgemeinem Wahlrecht haben die Geringverdiener die Möglichkeit, sich einen Anteil am gesellschaftlichen Reichtum zu sichern, indem sie für eine verhältnismäßig großzügige soziale Sicherung stimmen. Diese zieht indirekt eine Untergrenze für die Lohnhöhe ein, weil kaum jemand für Löhne unter Sozialhilfeniveau arbeitet. Oder sie stimmen für Parteien, die einen Mindestlohn setzen, der das soziale Existenzminimum in einem reichen Land sichert. Weil die gut bezahlten Industriebeschäftigten kaufkräftige Nachfrage bieten, können Dienstleister und Landwirtschaft in reichen Ländern die Preise entsprechend erhöhen.

So müssen die besser Verdienenden Dienstleistungen teurer bezahlen, als es der Fall wäre, wenn allein der Markt regiere. Ihr preisbereinigtes Einkommen ist niedriger, während das der Beschäftigten in den einfachen Dienstleistungen steigt. In Ländern, in denen es kaum heimische Unternehmen in Wirtschaftsbereichen mit hoher Wertschöpfung gibt, fehlt die Basis für diese Umverteilung der Erwerbschancen und der Einkommen. Deshalb müssen die vielen unterbeschäftigten Menschen ihre Arbeitskraft zu fast jedem Preis anbieten. Die Gehälter der Friseure in reichen Ländern steigen, weil sie über Sozialleistungen und Mindestlöhne am steigenden Wohlstand partizipieren und deshalb ihre Arbeit nicht zu jedem Preis anbieten müssen. Da in reichen Industrieländern genug kaufkräftige Nachfrage vorhanden ist, können die Friseure höhere Preise verlangen, um die höheren Löhne zu decken. In armen Ländern, in denen es kaum Wirtschaftsbereiche mit großen Wertschöpfungsgewinnen gibt, fehlt die Basis dafür.

Nützt die Globalisierung allen Beteiligten?

Freier Handel ohne Zölle an den Grenzen und ohne sonstige Handelsschranken nutzt allen beteiligten Ländern. Das ist der Glaubenssatz, der dem Projekt der Europäischen Union ebenso zugrunde liegt wie der *Welthandelsorganisation*, die sich in jahrelangen internationalen Verhandlungsrunden um die Verringerung von Zöllen und anderen Handelshemmnissen bemüht. Der Glaubenssatz beschreibt die Interessenlage in den Industrieländern korrekt. Für diese ist freier Handel von überragender Bedeutung, egal ob untereinander oder mit den Entwicklungsländern.

Die **Welthandelsorganisation** (World Trade Organisation, WTO) ist eine zentrale Institution zur Regelung der internationalen Wirtschaftsbeziehungen. Ihr Ziel ist die Förderung des Freihandels. Die Mitglieder verpflichten sich, Einfuhr- und Ausfuhrbeschränkungen abzubauen, Zölle nicht zu erhöhen, sondern immer weiter zu senken, und Handelserleichterungen für ein Land auch allen anderen Mitgliedsländern zu gewähren. Für Wirtschaftsräume wie die EU gilt im Außenverhältnis eine Ausnahme von dieser Regel.

Man stelle sich nur vor, innerhalb der Europäischen Union würden an den Landesgrenzen wieder hohe Zölle auf Industrieprodukte eingeführt. Ein weltweit führender deutscher

Hersteller von Etikettiermaschinen müsste seine Maschinen in Frankreich, Italien und anderen Ländern plötzlich viel teurer verkaufen. Konkurrenten in diesen Ländern würden ihm Marktanteile abnehmen. Die Produktion würde sinken. Dadurch stiegen die Kosten je produzierter Maschine, weil sich die festen Kosten von Gebäuden, Verwaltung und Entwicklung auf weniger Produkte verteilen ließen. Am Ende würden die französischen, italienischen und deutschen Hersteller von Etikettiermaschinen allesamt kleinere Serien für den heimischen Bedarf zu hohen Kosten produzieren.

Je nachdem, wie stark die Kosten steigen, kann das für Italien und Frankreich für sich genommen besser sein, als alle Etikettiermaschinen aus Deutschland zu importieren, denn immerhin fallen die Löhne und Gewinne im eigenen Land an. Aber dabei bleibt es nicht, denn Frankreich und Italien besitzen ja ebenfalls Produkte und Branchen, in denen ihre Unternehmen führend sind. So beliefert vielleicht ein italienischer Hersteller einen großen Teil der europäischen Autoindustrie mit bestimmten teuren Speziallacken. Wenn hohe Zölle eingeführt werden, ist eine solche Spezialisierung nicht mehr möglich und der Hersteller verliert einen großen Teil seines Umsatzes. Am Ende werden alle beteiligten Länder ärmer, weil sie die Vorteile der Spezialisierung und Massenproduktion nicht mehr im gleichen Umfang wie zuvor nutzen können.

Beispiel:

> Farbpigmente für bestimmte Autolacke werden weltweit nur von einer einzigen japanischen Firma hergestellt. Als diese Firma 2011 wegen der dortigen Erdbeben- und Atomkatastrophe nicht mehr produzieren konnte, spürten Autobauer weltweit den Engpass. Das zeigt das Ausmaß der Spezialisierung, das die globalisierte Warenwirtschaft ermöglicht.

Handelsbeschränkungen vermindern also die Möglichkeiten für die Nutzung von Größenvorteilen und Spezialisierung. Sie untergraben damit die Grundlage für den Wohlstand der Industrieländer und machen sie dadurch letztlich alle ärmer.

> Unbeschränkter Handel über nationale Grenzen hinweg vergrößert die Absatzmärkte. Das erlaubt Unternehmen, sich zu spezialisieren und in Großserienproduktion zu niedrigen Kosten eine Vielzahl von Produktvarianten herzustellen, die dem Bedarf der Unternehmenskunden und den Wünschen der Konsumenten genau entsprechen.

Doch die Verheißung, dass Freihandel allen beteiligten Ländern nützt, gilt nicht für den Handel zwischen Ländern auf unterschiedlicher Entwicklungsstufe. Abgesehen von wenigen kleinen Ländern und Stadtstaaten wie Hongkong oder Singapur hat in den letzten 500 Jahren kein rückständiges Land den Weg aus der Unterentwicklung durch Freihandel mit fortgeschrittenen Ländern gefunden – im Gegenteil. England wurde zur wirtschaftlichen und militärischen Weltmacht, indem es den freien Handel außer Kraft setzte und erst einmal dafür sorgte, dass es selbst eine leistungsfähige Industrie aufbaute, bevor ausländische Konkurrenten es beliefern durften. Jean-Baptist Colbert (1619–1683) in Frankreich und Alexander Hamilton (ca. 1757–1804) in den USA imitierten die britische Strategie. Japan und Korea wurden zwar durch Exporte groß, aber nicht durch staatlich unbeeinflussten Handel. China, das sich derzeit anschickt, zu den Industrieländern aufzuschließen, hat seine Lektion ebenfalls gelernt. Das Land trat der Welthandelsorganisation erst bei, als es auf vielen Auslandsmärkten bereits eine sehr starke Stellung erobert hatte.

Ein Blick in die Geschichte

Ein etwas genauerer Blick darauf, wie die führenden Wirtschaftsmächte der letzten Jahrhunderte – Großbritannien und die USA – sich entwickelten, zeigt, dass Freihandel nicht den Weg aus der Unterentwicklung weist. Nicht von ungefähr verbreiteten die britischen Ökonomen die Freihandelslehre erst im 18. Jhd., als England bereits einen großen Vorsprung bei der Industrialisierung erreicht hatte und die führende Exportnation war.

Wie England groß wurde

Gegen Ende des 15. Jhd. verfolgte König Henry VII. (1457–1509) in England eine Politik der Industrialisierung, die darauf abzielte, die Abhängigkeit von Landwirtschaft und Wollexporten abzubauen. Der König verhängte Ausfuhrzölle auf Wolle und förderte den Aufbau einer Textilproduktion mit befristeten Subventionen und staatlich gewährten Monopolen für die Unternehmer. Als England eine hinreichend große eigene Textilproduktion aufgebaut hatte, um alle inländische Wolle zu verarbeiten, erließ die Krone sogar ein rigides Ausfuhrverbot für Wolle. Weil Großbritannien der größte Wollproduzent war, brachten die Ausfuhrzölle und das spätere Ausfuhrverbot für Wolle den bis dahin führenden Anbietern aus Holland und Italien einen Kostennachteil. Für sie wurde Wolle teurer und knapp, während die britische Textilindustrie auf billige heimische Wolle zugreifen konnte und florierte.

England nutzte seine zunehmende wirtschaftliche und militärische Macht auf vielfältige Weise, um seine Vormachtstellung im internationalen Handel auszubauen. Hier ein paar Beispiele (nach E. Reinert 2007 und S. Reinert 2011):

- Im Jahr 1673 erließ König Charles II. eine Verordnung, die das Tragen von Seide bei Hofe verbot, und ließ ausländische Textilien beschlagnahmen. Der Erlass traf Florenz, die Hochburg der Seidenindustrie, ins Mark.

- Das englische Parlament beschloss 1699 ein Gesetz, das den Textilexport aus der Kolonie Irland verbot und das Land damit zur Armut verurteilte. Die Queen entschuldigte sich 2011 bei den Iren für diese Politik.

- Das verarmte Königreich Neapel führte 1823 Schutzzölle ein. Es entwickelte sich eine erfolgreiche Schiffsbauindustrie. Großbritannien verhängte Strafzölle und schickte, als das nicht half, Kanonenbote. Neapel musste seine Zölle abschaffen und sich weiter damit zufrieden geben, Großbritannien billige Rohstoffe zu liefern.

Im Gefolge seiner zunehmenden wirtschaftlichen Macht stieg England auch zur führenden Militärmacht auf. Diese Macht nutzte das Land bei Bedarf, um andere Länder zu zwingen,

Rohstoffe zu liefern und Fertigprodukte aus England zollfrei abzunehmen. Ein beliebtes Lehrbuchbeispiel für die Vorteile des internationalen Handels, das auf den klassischen britischen Ökonomen David Ricardo (1772–1823) zurückgeht, behandelt den Austausch von englischem Tuch gegen portugiesischen Wein, ein Geschäft, das angeblich für beide Länder vorteilhaft sei. Weder Ricardo noch die Lehrbücher erwähnen, dass 1703 die übermächtige britische Flotte vor Lissabon geankert hatte, um sicherzustellen, dass die Portugiesen den sog. Methuen-Vertrag unterschrieben. Dieser schrieb fest, dass Portugal dauerhaft britisches Tuch zollfrei ins Land ließ. Im Gegenzug erlaubte England den zollfreien Export portugiesischer Weine und verzichtete darauf, Portugal seine brasilianischen Kolonien wegzunehmen. Offensichtlich musste Portugal durch Demonstration militärischer Macht von den Vorteilen des Freihandels überzeugt werden. Kein Wunder, denn wie die Briten wussten auch die Portugiesen, dass man mit Textilien viel mehr verdienen konnte als mit dem Anbau von Trauben.

Warum Deutschland hinterherhinkte

Deutschland blieb in Bezug auf Industrialisierung zunächst weit hinter Ländern wie England und Holland zurück. Schuld daran war v.a. seine Zersplitterung. Sie ging auf den Westfälischen Frieden von 1648 zurück, der den Dreißigjährigen Krieg beendete und mehr als 300 Fürstentümer auf deutschem Gebiet anerkannte. Diese Klein- und Kleinststaaten erhoben ihre eigenen Zölle, sodass der Industrie in den deutschsprachigen Gebieten, anders als etwa der britischen, kein großer heimischer Absatzmarkt zur Verfügung stand. Der deutsche Ökonom, Unternehmer und Diplomat Friedrich List (1789–1846) hatte beträchtlichen Anteil daran, dass Deutschland seinen Rückstand aufholte. Er war einerseits Freihändler, denn er trat entschieden dafür ein, die Zollschranken innerhalb Deutschlands einzureißen, damit die Industrie die Vorteile der Massenproduktion nutzen konnte. List hatte großen Anteil an der Gründung des Süddeutschen Zollvereins im Jahre 1828, der die Zölle zwischen Bayern und Württemberg abschaffte und 1834 in den deutschen Zollverein mündete. Außerdem trat List nachdrücklich und erfolgreich für den Bau von Eisenbahnen ein, die die überregionale Beschaffung von Rohstoffen für die Industrie und den überregionalen Absatz der Industriegüter erst richtig in Gang brachten.

Beispiel:

 Im Jahr 1819 gründete List in Frankfurt mit örtlichen Kaufleuten den Allgemeinen Deutschen Handels- und Gewerbeverein, der sich für den Abbau der innerdeutschen Zollgrenzen einsetzte und dafür eine große Petition initiierte. Die Bundesversammlung erkannte den gesamtdeutschen Verein, den ersten deutschen Unternehmerverband der Neuzeit, nicht an und verwies die Unterzeichner der Petition an die Regenten der deutschen Einzelstaaten, die sich jedoch die Einmischung von außen verbaten. List fiel bei der Obrigkeit in Ungnade.

Gleichzeitig war List nach außen hin Protektionist. Deutschland sollte seine junge und noch wenig entwickelte Industrie durch Einfuhrzölle gegen die übermächtige englische Konkurrenz schützen. Das bedeutete zwar, dass die deutschen Abnehmer zunächst mehr für Industriegüter bezahlen mussten, als wenn man die englischen Waren zollfrei ins Land gelassen hätte. Da der deutschen Industrie ermöglicht wurde, im Inland mehr abzusetzen, konnte sie aber schließlich die Kostenvorteile der Massenproduktion nutzen und konkurrenzfähig werden.

> Freier Handel zwischen gleich weit (oder wenig) entwickelten Ländern nützt allen Beteiligten, denn er vergrößert die Märkte und schafft so Möglichkeiten zur Arbeitsteilung und Massenproduktion. Freier Handel zwischen unterschiedlich entwickelten Ländern nützt v.a. den entwickelten Ländern und schadet oft den weniger entwickelten. Branchen mit hoher Wertschöpfung können sich dort in Konkurrenz mit Produkten aus den Industrieländern kaum entwickeln und behaupten.

Der Aufstieg der USA zur führenden Wirtschaftsmacht

List hatte seine Ideen v.a. in den USA entwickelt, wohin er sich zwischenzeitlich ins Exil geflüchtet hatte, weil er bei den Herrschern in Ungnade gefallen war. Die junge Nation, die sich gerade die Unabhängigkeit von der Kolonialmacht England erkämpft hatte, arbeitete am Aufbau einer eigenen Industrie. Das hatten die Briten vorher zu verhindern gesucht.

Der erste Finanzminister, Alexander Hamilton, beschrieb 1791 die Industrialisierungsstrategie, die die Wirtschaftspolitik der USA bestimmen sollte. Kern waren Zölle auf Importe, die einerseits Einnahmen für den Ausbau von Straßen und Kanälen hervorbringen, andererseits die Wettbewerbsposition der heimischen Industrie verbessern sollten. Junge Industrien sollten so lange Subventionen bekommen, bis sie wettbewerbsfähig waren. Infrastrukturausbau war wichtig, weil die Strategie großes Gewicht auf den internen Handel als Alternative zum für die USA wenig vorteilhaften Überseehandel legte.

Der Wirtschaftskrieg zwischen Großbritannien und dem napoleonischen Europa führte zu Handelsunterbrechungen auch für neutrale Länder wie die USA und schließlich zum britisch-amerikanischen Krieg von 1812. Der internationale Handel kam praktisch zum Erliegen.

Beispiel:

> 1804, als Baumwollspinnereien in England schon lange boomten, gab es Taussig (1910/1892) zufolge nur vier Baumwollfabriken in den USA. Die meisten Versuche, eine Textilindustrie zu etablieren, waren gescheitert. Wenige Jahre später, als die Importe aus England kriegsbedingt versiegt waren, zählte das Land Hunderte von Baumwollfabriken.

Das gab den Wirtschaftszweigen, deren Produkte vorher importiert worden waren, enormen Auftrieb. Fabriken für Wollwaren und Textilien, Glas, Töpferwaren und andere Güter schossen wie Pilze aus dem Boden. Erst dadurch entstand eine Klasse von Industriellen und Handwerkern, deren Wohl davon abhing, dass sie weiterhin gegen billigere Importe geschützt wurden. Nach dem Krieg wurden daher hohe Zölle von durchschnittlich rund 20 % beibehalten. Für besonders wichtige Wirtschaftszweige, wie die Textil- und Eisenindustrie galten vorübergehend noch höhere Einfuhrzölle. In den nächsten gut 20 Jahren wurden Taussig (1910/1892) zufolge die Einfuhrzölle für Industriegüter laufend erhöht.

> Praktisch allen Industrieländern gelang die Industrialisierung nur, indem sie durch Einfuhrzölle, Subventionen und ähnliche Maßnahmen die Wettbewerbsposition der eigenen Industrie gegenüber Importen und gegenüber ausländischer Konkurrenz auf Exportmärkten verbesserten.

Es gibt überall Verlierer

Heute sind die Industrieländer die treibende Kraft der Globalisierung. Sie drängen auf Zollsenkungen, offenen Marktzugang und Freihandelsvereinbarungen. Ihre Unternehmen verlagern einfache Produktionstätigkeiten massenhaft in Länder, in denen die Lohnkosten viel geringer sind. Das lässt vermuten, dass die Industrieländer von der Globalisierung profitieren. Doch die Wirklichkeit ist vielschichtiger: Viele Menschen in den Industrieländern profitieren, manche verlieren. Verlierer sind v.a. gering qualifizierte Arbeiter in der Industrie. Sie sind am stärksten der Konkurrenz von Produktion in Billiglohnländern ausgesetzt, sei es, weil ihre Unternehmen betriebliche Teilbereiche dorthin verlagern oder weil die Unternehmen durch Importe aus Billiglohnländern unter Druck kommen. In beiden Fällen schrumpfen die Belegschaften, weil die am wenigsten produktiven Unternehmen schließen oder Leute entlassen müssen, für die sie nicht mehr genug Arbeit haben. Diese Leute müssen sich daraufhin entweder in einem anderen Beruf in der Industrie einen Job suchen oder die Industrie ganz verlassen und in den Dienstleistungsbereich wechseln. Dabei erleiden sie meist beträchtliche Lohneinbußen.

Das harte Schicksal der Kolonien

Um ihre erfolgreiche Strategie der Industrialisierung umsetzen zu können, die gegen das Interesse der englischen Kolonialmacht gerichtet war, mussten die USA erst einen Unabhängigkeitskrieg gewinnen. Als die meisten Kolonien in Afrika und Asien unabhängig wurden und diese Möglichkeit zumindest im Prinzip erhielten, schrieben wir, wie die nachfolgende Tabelle zeigt, schon das 20. Jhd., und das Entwicklungsgefälle war zu dieser Zeit bereits riesig.

Kolonie	unabhängig im Jahr	Kolonialmacht
Äquatorialguinea, Westsahara	1975	Spanien
Angola, Mozambique	1975	Portugal
Kenia	1963	Großbritannien
Algerien	1962	Frankreich
Belgisch Kongo	1960	Belgien
Somalia	1960	Italien
Nigeria	1960	Großbritannien
Vietnam, Laos, Kambodscha	1954	Frankreich

Zeitpunkte der Unabhängigkeit von Kolonien (Beispiele)

Vergleichsweise gut standen die in gemäßigten Klimaregionen gelegenen Kolonien da, denn sie boten Siedlern aus den Kolonialmächten einigermaßen gute Lebensbedingungen.

Und dort, wo ihre eigenen Landsleute in größerer Zahl lebten, hatten die Kolonialmächte ein gewisses Interesse daran gehabt, eine funktionierende Wirtschaft und Verwaltung zu etablieren. Wo dies nicht der Fall war, war es den Kolonialmächten v.a. darum gegangen, möglichst viele natürliche Ressourcen aus den Kolonien herauszuziehen. Dazu zählten sie zynischerweise auch Menschen, die als Sklaven verschifft wurden. Die Verwaltung wurde allein auf Ausbeutung ausgerichtet, wirtschaftliche Entwicklung war nicht vorgesehen.

Bei dieser Ausgangslage verwundert es kaum, dass es so viele arme Länder auf der Welt gibt, die es nicht geschafft haben, eine international konkurrenzfähige Industrie aufzubauen. Bei allem, was sie hätten anfangen können, mussten sie fast bei null beginnen, und in allen Belangen waren die Unternehmen in den Industrieländern erheblich besser. Ohne nennenswerte Industrie sind die Menschen dort auf Beschäftigung in der Land- und Rohstoffwirtschaft, im Tourismus, in anderen Dienstleistungen und im Kleinsthandwerk angewiesen. Die Vorteile der Massenproduktion fehlen teilweise oder vollständig. Der Wettbewerb ist hart, die Preise entsprechend niedrig. Entsprechend gering sind auch die erzielbaren Löhne.

Ist Afrika zur Armut verdammt?

Zu den wenigen Erfolgsgeschichten gehören China und Indien, die seit dem ausgehenden 20. Jhd. durchgängig hohe Einkommenssteigerungen erreicht haben, wenn auch von extrem niedrigen Niveaus aus. Diese Länder besitzen wegen ihrer Milliardenbevölkerungen einen riesigen einheimischen

Markt, wodurch ihre von ausländischer Konkurrenz geschützten Unternehmen die Vorteile der Massenproduktion nutzen konnten. Vor allem China hat es zu großer Meisterschaft darin gebracht, sich von ausländischen Anbietern den Zugang zum großen chinesischen Markt durch die Abgabe von technischem Know-how bezahlen zu lassen. Auch hat die Regierung meist darauf bestanden, dass Industrieprodukte, die ausländische Firmen in China verkaufen dürfen, in gemeinsamen Werken mit chinesischen Partnern im Inland gefertigt werden. Dadurch drang China schnell in immer anspruchsvollere Produktionszweige vor. So stellte das Land 2011 in Paris das erste selbst entwickelte Linienflugzeug vor.

Hohe Hürden für gemeinsame Märkte im Süden

Weniger bevölkerungsreiche Länder, wie die in Afrika oder Lateinamerika, wären darauf angewiesen, dem Beispiel der Europäischen Union oder der damaligen deutschen Kleinstaaten und Fürstentümer zu folgen und durch Zollunionen untereinander größere Märkte zu schaffen, auf denen ihre Industrie sich entwickeln könnte – nach dem Prinzip von Friedrich List: freier Handel von Ländern auf einer ähnlichen industriellen Entwicklungsstufe, Schutz vor Konkurrenz aus fortgeschritteneren Staaten. Die Bemühungen zur Schaffung regionaler Freihandelszonen des Südens sind jedoch meist nicht besonders weit gediehen. Dazu hat beigetragen, dass die USA und Europa im eigenen Interesse solche Initiativen erschweren, indem sie bevorzugt bilaterale Freihandelsabkommen mit einzelnen Entwicklungsländern abschließen. Ein einzelnes Land bekommt dabei mit seinen Agrarprodukten oder Rohstoffen zollfreien Zugang zum großen Markt der USA oder der EU und lässt dafür im Gegenzug Industriewaren von dort zollfrei oder zu geringeren Zöllen ins Land. Wer ein solches Abkommen abschließt, kann nicht gleichzeitig Mitglied einer regionalen Freihandelszone sein, die an ihren Außengrenzen Zölle auf Importwaren erhebt.

Afrika ist reich an Rohstoffen. Eine erfolgversprechende Methode, verarbeitendes Gewerbe zu etablieren, bestünde darin, dafür zu sorgen, dass diese Rohstoffe im Land verarbeitet und erst dann exportiert werden. So machte es England mit seiner Wolle und schuf so die Basis für den späteren Wohlstand des Landes. Doch derartige Maßnahmen, die einheimische Abnehmer von Rohstoffen gegenüber ausländischen bevorzugen, widersprechen den Regeln der Welthandelsorganisation und der meisten bilateralen Handelsabkommen.

Beispiel:

 Im Juli 2011 verurteilte ein Schiedsgericht der Welthandelsorganisation (WTO) China wegen Beschränkungen der Ausfuhr von seltenen Erden. Diese Rohstoffe, von denen China weltweit die größten Vorkommen hat, sind wichtige Bestandteile vieler elektrischer und elektronischer Geräte, wie z.B. Generatoren, Hybridmotoren und LCD-Bildschirme.

Eine bessere Industriepolitik ist nötig

Wenn die afrikanischen Länder eine Industrie aufbauen und so der bitteren Armut entfliehen wollen, müssen sie anders vorgehen. Seit der chinesische Ökonom Justin Yifu Lin 2008

Chefvolkswirt der Weltbank wurde, wird dort ernsthaft an der Entwicklung von Industrialisierungsstrategien für arme Länder gearbeitet. Dieser Ansatz war bei Ökonomen gänzlich aus der Mode gekommen, nachdem viele Industrialisierungsversuche in den 1960/70er-Jahren kläglich gescheitert waren, etwa der Versuch, eine Automobilindustrie in Zaire aufzubauen. Doch der Fehler war damals nicht, dass der Staat versuchte, Industrien zu fördern und anzusiedeln, so Lin (2011). Er bestand vielmehr darin, dass die Länder sich gleich die fortgeschrittensten Industrien vornahmen und damit in Konkurrenz zu den reichsten Ländern der Welt traten, die eine ganz andere Wirtschaftsstruktur aufwiesen. In dieser Konkurrenz konnten sie nicht bestehen. Stattdessen sollten die armen Länder Industrien ausfindig machen, ansiedeln und fördern, die sich in ähnlichen, aber etwas weiter fortgeschrittenen Ländern längere Zeit gut entwickelt haben.

Man könnte meinen, diese Industrien würden sich von selbst ansiedeln, wenn dies erfolgversprechend wäre. Aber das ist nicht der Fall. Wenn es noch keine nennenswerte Industrie gibt, fehlen den Ersten, die sich an ihrem Aufbau versuchen, fast alle notwendigen Grundlagen. Es gibt keine qualifizierten Arbeitskräfte, keine Zulieferer, keine guten Straßen, keine sichere Energieversorgung sowie keine öffentliche Verwaltung, die auf die Bedürfnisse von Industriebetrieben eingestellt ist. Zu Anfang ist deshalb staatliche Unterstützung bitter nötig.

> Afrika und andere unterentwickelte Regionen sind nicht zur Armut verdammt. Durch gezielte Förderung von Industrien, die für ihren Entwicklungsstand geeignet sind, und durch regionale Zusammenarbeit kann ihnen die Industrialisierung gelingen.

Entwicklungshilfe und karitative Hilfe, so sehr sie die Not Einzelner lindern können, sind aus guten Gründen nicht Teil dieser Strategie. Karitative Hilfe bewirkt letztlich nichts, wenn eine Nation mangels Industrie und zugehörigem unternehmensnahem Dienstleistungsbereich seine Bevölkerung nicht nachhaltig ernähren kann. Die Industrialisierung eines Landes aber kann von außen nicht geleistet werden, und die Entwicklungshilfe-Geber haben auch kein Interesse daran – im Gegenteil. Sehr oft wird Entwicklungshilfe zur Exportförderung missbraucht. Geld fließt dann nur, wenn die für die Projekte nötigen Anlagen aus den Geberländern importiert werden.

Auf einen Blick: Weltwirtschaft

- Der Schlüssel zum Wohlstand der Industrieländer war der Aufbau einer starken Industrie.

- Wenn reiche Länder mit hochproduktiven Industrien mit unterentwickelten Ländern freien Handel treiben, driften ihre Einkommen auseinander. In den armen Ländern kann sich gegen die übermächtige Konkurrenz keine wettbewerbsfähige Industrie entwickeln.

- Geschichtlich haben alle großen Industrienationen ihren Wohlstand durch Schutz der eigenen Industrie gegen ausländische Konkurrenz und Fördermaßnahmen erreicht.

- Die Regeln des Welthandels erschweren es armen Ländern heutzutage, eine Industriepolitik der Art zu betreiben, wie sie die Industrieländer reich gemacht hat.

Geld

Geld, das ist allgemein bekannt, regiert die Welt. Dieses Kapitel ist nicht zufällig das längste, denn das Geld- und Finanzwesen ist gleichzeitig der wichtigste und der am wenigsten verstandene Teil unseres Wirtschaftslebens.

In diesem Kapitel erfahren Sie,

- wer das Geld macht und wer daran verdient,
- ob es eine Wahl zwischen Inflation und Arbeitslosigkeit gibt,
- welche Rolle Geldschöpfung bei der jüngsten Finanzkrise spielte,
- ob Staatsschulden verwerflich sind,
- ob die Forderung, dass wir mehr privat vorsorgen sollten, berechtigt ist.

Wer „macht" es und wer verdient daran?

Was Geld ist, glaubt jeder zu wissen: die Münzen oder bunten Scheine, die man aus dem Geldbeutel holt, um am Kiosk seine Zeitung oder im Laden seine Wurst zu bezahlen. Gedruckt und in Umlauf gebracht werden die Scheine, auf denen Euro steht, von der Europäischen Zentralbank. Sie leiht sie gegen Zins den Geschäftsbanken, die damit ihre Geldautomaten bestücken. Diese Geldschöpfung ist ein gutes Geschäft für Zentralbanken und letztlich für die Regierungen, an welche sie ihren Gewinn abführen. Den Gewinn daraus, Geld erschaffen zu können, nennt man Seigniorage oder Geldschöpfungsgewinn.

> **Seigniorage** oder **Geldschöpfungsgewinn** ist der Gewinn daraus, Geld einfach aus dem Nichts schaffen zu können. In modernen Zeiten, wo der Herstellungswert eines Geldscheins im Vergleich zu seinem nominellen Wert vernachlässigbar ist, ist dieses Privileg sehr viel wert.

Die Seigniorage hat einen großen Anteil an den Milliardengewinnen, die eine große Zentralbank typischerweise jedes Jahr an ihre Regierung überweist. Weil unsere Zentralbank Geld druckt, mit dem wir bezahlen, müssen wir also weniger Steuern bezahlen oder muss sich unsere Regierung weniger verschulden. Das ist nicht selbstverständlich. Lange Zeit gab es statt unseres heutigen Papiergeldsystems ein System, das auf Gold (und teilweise Silber) beruhte. In der Frühzeit der Geldwirtschaft, die bis ins Mittelalter dauerte, liefen fast nur Münzen aus Edelmetall um. Später gab es zwar Geldscheine, aber diese trugen das Versprechen, sie jederzeit gegen Gold im Besitz dessen, der die Geldscheine gedruckt hatte, eintauschen zu können. Es waren also Schuldscheine. Ein solches System heißt Goldstandard. Im reinen Goldstandard gibt es keinen nennenswerten Geldschöpfungsgewinn. Den Gewinn macht der, dem das Gold gehört, in Höhe der Differenz zwischen den Gewinnungskosten und dem Wert des Goldes.

> **Goldstandard** heißen Währungssysteme, bei denen das umlaufende Papiergeld voll (reiner Goldstandard) oder teilweise durch Goldreserven der Geld ausgebenden Stelle (Banken oder Staat) gedeckt ist. Die Scheine tragen das Versprechen, dem Besitzer auf Verlangen Gold zu einem festen Kurs auszuhändigen.

Beispiel:

Das Währungssystem der Nachkriegszeit bis Anfang der 1970er-Jahre war ein modifiziertes Goldstandard-System. Alle teilnehmenden Währungen hatten einen festen (aber im Einvernehmen änderbaren) Wechselkurs zum Dollar. Die US-Regierung versprach den Dollar jederzeit zu einem festen Kurs gegen Gold einzutauschen, wenn eine andere Zentralbank dies verlangte. Genau das taten die Franzosen, als die USA zur Finanzierung ihrer Kriege so viel Dollar in Umlauf brachten, dass die Golddeckung unglaubwürdig wurde. Die US-Regierung widerrief schließlich ihr Goldeinlösungsversprechen und das System brach zusammen.

Der Goldstandard hat heute noch in Fachkreisen eine gewisse Anhängerschaft, weil man sich davon verspricht, dass die Geldschöpfung begrenzt und so Inflation zuverlässig vermieden wird. Dem steht ein großer Nachteil gegenüber: Geldpolitik als Mittel der Konjunktursteuerung ist hier nicht möglich. Die Zentralbank kann nicht einfach mehr Geld drucken, wenn es zu einer Wirtschaftskrise kommt. Deshalb haben sich vor und während der großen Weltwirtschaftskrise der 1930er-Jahre alle Länder vom reinen Goldstandard verabschiedet.

Die heutigen Geldscheine, ob US-Dollar, Euro, Pfund oder Franken, sind durch nichts gedeckt. Sie erhalten ihren Wert dadurch, dass sie als Zahlungsmittel akzeptiert werden. Das ist gesetzlich abgesichert. Der Staat verspricht, die bunten Scheine zur Begleichung der Steuerschuld zu akzeptieren, und er hat verfügt, dass jeder, der etwas zum Kauf anbietet, die Geldscheine (und Münzen) zur Bezahlung akzeptieren muss – sie sind gesetzliches Zahlungsmittel. Die Zentralbanken der USA, des Euroraums und der Schweiz (weniger die britische) besitzen zwar aus früheren Zeiten hohe Goldreserven. Diese haben heute aber keine währungspolitische Funktion mehr.

Das meiste Geld ist Buchgeld

Die vordergründige Aussage „Geld sind Geldscheine, also Bargeld" ist aber nicht einmal die halbe Wahrheit, sondern nur ein Bruchteil davon. Geld ist alles, womit man bezahlen und seine Schulden begleichen kann. Mit Bargeld bezahlen wir heutzutage nur noch einen kleinen Teil dessen, was wir kaufen und mieten. Die Zeiten, in denen die Arbeiter von ihrem Arbeitgeber alle zwei Wochen eine Lohntüte mit Bargeld bekamen, sind lange vorbei. Heute wird das Geld auf unser Bankkonto überwiesen. Daraus erhält der Vermieter per Überweisung seine Miete, die Versicherung ihre Prämie und der Autohändler den Kaufpreis, ohne dass ein einziger Geldschein den Besitzer wechselt. Das Finanzamt erhält die Lohnsteuervorauszahlung direkt vom Arbeitgeber per Banküberweisung. Alles, was wir per Kreditkarte oder mit einer anderen Karte auf elektronischem Wege bezahlen, wird letztlich von unserem Bankkonto abgebucht und auf ein anderes Bankkonto gebucht, ohne dass ein einziger Geldschein gebraucht wird.

Was den Besitzer wechselt, ist lediglich ein in Computerspeichern eingetragenes Recht, Geldscheine zu erhalten. Dieses Recht wird nur für einen Bruchteil der Bankguthaben, die auf diese Weise laufend den Besitzer wechseln, je ausgeübt.

> **Buchgeld** (auch **Bankengeld** oder **Giralgeld** genannt) sind Bankguthaben, mit denen man seine Zahlungsverpflichtungen per Überweisung, Lastschrift, Scheck oder Karte bargeldlos bezahlen kann. Banken schaffen Buchgeld, indem sie ihren Kunden Kredit geben. Sie bekommen Zinsen für Geld, das sie mit ein paar Computerbefehlen selbst geschaffen haben. Darin besteht ihr Geldschöpfungsgewinn.

Der Staat, der über die Notenbank die Geldscheine druckt, die in Umlauf kommen, erhält den Geldschöpfungsgewinn also nur auf einen Bruchteil des Geldes, nämlich auf jenen, der als Bargeld im Umlauf ist.

Wer aber schafft den großen Rest des Geldes? Und wer verdient daran? Die Antwort ist nicht schwer: Bankguthaben werden von den privaten Banken geschaffen. Auch wenn der Ausdruck „geschaffen" irritieren mag, ist er doch zutreffend. Man könnte meinen, *wir* schaffen ein Bankguthaben, wenn wir Bargeld auf unser Konto einzahlen. Doch das stimmt nicht, denn dadurch wird das schon bestehende Geld nur verlagert. Neue Bankguthaben werden vielmehr dadurch geschaffen, dass Banken einem Unternehmen, einem Bauherrn oder einem Autokäufer einen Kredit geben und ihnen in gleicher Höhe ein neues Bankguthaben zuweisen. Die Mengenverhältnisse von Bargeld, das von der Zentralbank geschaffen wird, und Buchgeld, das von den Banken geschaffen wird, zeigt die folgende Tabelle.

Geld im Euroraum (Sept. 2011)	Bestände in EUR
Bargeld (öffentliche Geldschöpfung)	832 Mrd.
Geldmenge M2 (Bargeld, Sichteinlagen, Sparguthaben)	8.605 Mrd.
M2 ohne Bargeld (= Buchgeldschöpfung der Banken)	7.773 Mrd.

Verhältnis von Bargeld zu Buchgeld

Die Schaffung von Buchgeld geschieht ganz einfach im Wege der Kreditvergabe. Dem Kreditkunden wird ein Guthaben auf seinem Konto gutgeschrieben, mit dem er seine Zahlungsverpflichtungen begleichen kann. Das neue Buchgeld kommt i.d.R. sofort in Umlauf, weil der Kreditnehmer es ja braucht, um seinen Zahlungsverpflichtungen nachzukommen. Auch die Empfänger überweisen es wieder an andere, denen sie etwas schulden. Durch Überweisungen von einem Konto auf ein anderes vermehrt sich das Buchgeld nicht. Es wechselt nur den Besitzer. Vermehrt wird es dadurch, dass die Banken immer wieder neuen Kredit an alte und neue Kunden vergeben und dadurch die Summe der Guthaben auf Bankkonten vergrößern. Weil alte Kredite zurückgezahlt werden und sich dadurch die umlaufende Buchgeldmenge vermindert, steigt das Buchgeld nur in dem Maße, wie die neuen Kredite die Tilgungen übersteigen. Das ist i.d.R. – aber nicht immer – der Fall.

Bei vielen Laien und einigen Fachleuten gibt es das Miss-
verständnis, dass Banken v.a. als Makler für Ersparnisse
fungieren – mit anderen Worten, dass sie mit dem Geld, das
Sparer bei ihnen anlegen, Kredite vergeben. Das tun sie zwar
auch – Sparkassen und Genossenschaftsbanken mehr, private
Geschäftsbanken weniger. Aber sie sind nicht darauf angewiesen. Banken können Kredit geben, indem sie Geld aus dem
Nichts schaffen. Dafür müssen die Banken als Gruppe nur
damit rechnen können, dass das neue Guthaben nicht zur
Gänze in Bargeld umgetauscht wird, sondern im Wesentlichen
für den bargeldlosen Zahlungsverkehr genutzt wird. Bargeld
können die Banken nicht vermehren; Guthaben, die nur von
einem Bankkonto auf ein anderes transferiert werden, schon.
Die Bank von England hat das in ihrem dritten Vierteljahrs-
bulletin 2007 so ausgedrückt: „Die mit Abstand größte Rolle
bei der Schaffung von Geld im weiten Sinne spielt der Ban-
kensektor. Wenn Banken Kredite geben, schaffen sie zusätzliche Guthaben bei denen, die sich das Geld geliehen haben."

Genauso wie der Staat an der Bereitstellung von Bargeld
verdient, verdienen die Banken an der Schaffung von Buchgeld. Sie verleihen gegen Zinsen Geld, das sie selbst fast
kostenlos aus dem Nichts geschaffen haben. Weil Buchgeld
einen viel größeren Anteil an der gesamten Geldmenge ausmacht als Bargeld, ist der Geldschöpfungsgewinn der Banken
um ein Vielfaches größer als der des Staates. Wenn große
Banken wie etwa die Deutsche Bank ein (für normale Unternehmen kaum je erreichbares) Gewinnziel von 20–25 % auf
das Eigenkapital ausgeben, wie sie das selbst in der Finanzkrise nach 2007 getan haben, so hängt das auch entscheidend

damit zusammen, dass sie – im übertragenen Sinne – Geld drucken dürfen.

Das Risiko eines Bank-Run

Bank-Run ist ein Ansturm von Kunden auf eine Bank. Auslöser sind Zweifel an ihrer Zahlungsfähigkeit. Sobald beobachtet wird, dass Kunden ihr Geld abheben, rennen alle zur Bank, weil auch sie ihr Geld abheben wollen, solange die Bank noch welches hat. Die Kunden nehmen an, dass die Bank nicht genug Bargeld besitzt, um alle Guthaben auszuzahlen. Das ist heutzutage fast immer der Fall.

Die Schaffung von immer mehr Buchgeld ist gut für die Gewinnmarge der Banken. Sie ist im Prinzip auch gut für die Wirtschaft, denn mehr Buchgeldschöpfung bedeutet, dass die Unternehmen und Haushalte leichter an Kredit kommen, um Maschinen, Gebäude und Autos zu kaufen. Was aber in guten Zeiten ein Segen ist, kann sich in schlechten Zeiten, wie z.B. in den Jahren nach 2007 oder nach dem Platzen der Internet-Blase im Jahr 2001, in einen Fluch verwandeln. Die Banken räumen in guten Zeiten viel mehr Guthaben ein, als sie bei Bedarf bar auszahlen können. Das geht so lange gut, wie jeder den Banken vertraut. Sobald aber Zweifel an der Zahlungsfähigkeit einzelner Banken aufkommen, heben mehr Kunden als üblich ihr Geld in Form von Bargeld ab.

Wenn die Kundenguthaben 20-mal so hoch sind wie die Bargeldbestände der Bank, dann braucht es nicht viel, bis die Bank die Auszahlung verweigern muss, weil sie kein Bargeld mehr besitzt. Wenn das bei irgendeiner Bank geschieht, versucht jeder, möglichst schnell sein Geld bei der eigenen Bank abzuheben, bevor auch dieser das Geld ausgeht. So kommen plötzlich alle Banken in Schwierigkeiten. Aus dem Bank-Run ist ein Run auf das gesamte Bankensystem geworden.

Um jegliche Zweifel an ihrer Zahlungsfähigkeit zu vermeiden, geben die Banken in schlechten Zeiten nur noch wenig Kredit und horten die zurückgezahlten Gelder aus alten Krediten.

Beispiel:

Mitte September 2007 wurde es für die britische Hypotheken-bank Northern Rock wegen einer von den USA ausgehenden Finanzkrise immer schwieriger, auslaufende kurzfristige Kredite durch neue Kredite abzulösen, wie das ihrem Geschäftsmodell entsprach. Sie erlebte einen Ansturm von Kunden, die ihr Geld abheben wollten. Es bildeten sich lange Schlangen. Der Finanz-minister garantierte schließlich, dass der Staat notfalls die Kun-den auszahlen würde. Die Bank wurde verstaatlicht.

Weil ein Bank-Run für die Wirtschaft katastrophal ist, werden die Banken im Krisenfall mit frischem Geld von der Zentral-bank und dem Geld der Steuerzahler aufgepäppelt. So ge-schah es von 2007 bis 2009, als sich viele Banken am amerikanischen Immobilienmarkt verzockt hatten. Die kleinen Banken IKB und Sachsen LB wurden sofort mit Milliarden-beträgen vom Staat gerettet, um erst gar keine Zweifel an der Zahlungsfähigkeit der übrigen deutschen Banken aufkommen zu lassen. Als in Großbritannien die Bank Northern Rock pleiteging, sah sich Bundeskanzlerin Angela Merkel genötigt, eine allgemeine Staatsgarantie für alle Bankguthaben abzu-geben. Weil praktisch alle Banken des Euroraums in Liquidi-tätsnöte gerieten, lieh die Europäische Zentralbank ihnen ab 2008 jahrelang fast zum Nullzins so viel Zentralbankgeld, also letztlich Bargeld, wie sie benötigten.

Die schillernde Rolle der Zentralbanken

Der Gedanke, dass v.a. die Geschäftsbanken unser Geld herstellen, ist etwas gewöhnungsbedürftig. Wir sind es eher gewohnt, die Schaffung von Geld und die Sicherung seines Wertes als hoheitliche Aufgabe zu betrachten, die dem Staat und seinen Beamten obliegt. Das Grundgesetz äußert sich dazu nicht ausdrücklich. In der amerikanischen Verfassung ist das Geldwesen dagegen als hoheitliche Aufgabe definiert. Immer wieder brach deshalb in den USA Streit darüber aus, ob es privaten Banken gestattet sein sollte, Geld zu schöpfen.

Auch in Großbritannien wurde dieser Streit ausgefochten. Auf Initiative von Premierminister Robert Peel erließ das Parlament 1844 unter Verweis auf den hoheitlichen Charakter von Geld ein Gesetz, wonach es künftig nur noch der Bank von England gestattet war, Banknoten in Umlauf zu bringen. Bis dahin hatte jede Bank, die das nötige Renommee besaß, Schuldscheine, also Banknoten, in Umlauf bringen können. Diese Banknoten wurden von den Menschen dann als Zahlungsmittel verwendet. Die Möglichkeit der massenhaften Schaffung von Buchgeld durch die Banken im Wege der Kreditvergabe hatte Peel damals noch nicht im Blick, da es noch keinen bargeldlosen Zahlungsverkehr heutigen Ausmaßes gab.

Beispiel:

 Die Bank of England, heute britische Notenbank, wurde 1694 als Privatbank von einem Konsortium um den schottischen Geschäftsmann William Paterson gegründet, um ein einträgliches Geschäft mit dem nahezu bankrotten Königshaus zu machen. Die

Bank erhielt das Recht, in Form von Banknoten Geld zu schöpfen und dem Königshaus dieses aus dem Nichts geschaffene Geld gegen Zins zu leihen. König und Parlamentarier durften sich an der gewinnträchtigen Bank beteiligen, was der Bank nachhaltige politische Unterstützung sicherte.

In den USA gab es bis Anfang des 20. Jhd. keine staatliche Zentralbank, die fürs Gelddrucken zuständig war. Die privaten Banken taten dies in eigener Regie. Mehrere Anläufe zum Aufbau eines Zentralbanksystems versandeten, weil die Privilegien der Banker, die durch die privaten Zentralbanken mit staatlichen Hoheitsrechten unterfüttert wurden, politisch umstritten waren. An diesem Beispiel kann man daher besonders gut erkennen, wofür Zentralbanken taugen und wie sie entstanden.

Beispiel:

 Die Bank von Nordamerika als erste Vorläuferin der heutigen Zentralbank wurde 1781 von Finanzkommissar und Banker Robert Morris als Privatunternehmen gegründet. Er gewährte seiner Bank das Monopol auf die Ausgabe von Papiergeld und das Privileg, dass dieses Geld vom Staat akzeptiert wurde, um Zölle und Steuern zu bezahlen. 1785 annullierte das Parlament in Philadelphia wegen Machtmissbrauchs die Lizenz der Bank.

Das Fehlen eines einheitlichen Zahlungsmittels war einerseits schlecht für die Wirtschaft, weil es den Handel erschwerte. Andererseits war es schlecht für die Banken, weil sie bei der Geldschöpfung unter starker Konkurrenz standen und sich gegenseitig das Leben schwer machten. So kam es häufig vor, dass eine Bank die Banknoten eines Konkurrenten bei dieser einreichte und dafür das Gold verlangte, mit dem die Banknoten (angeblich) gedeckt waren. Weil diese Gefahr immer bestand, musste jede einzelne Bank bei der Geldschöpfung sehr vorsichtig sein. Es kam dennoch immer wieder zu Bank-Runs und Finanzkrisen.

Die einflussreichsten Banker der USA kamen deshalb in einem Geheimtreffen auf Jeckyll Island zusammen und vereinbarten die Schaffung einer Zentralbank unter ihrer Kontrolle. Die Banker wollten so den Geldschöpfungsprozess koordinieren und gleichzeitig dafür sorgen, dass sie eine Institution hatten, die zusätzliches Bargeld drucken lassen konnte, falls das Publikum einmal mehr davon abheben wollte, als den Banken zur Verfügung stand. Nach ein paar Jahren parlamentarischer Lobby-Tätigkeit wurde das Federal Reserve System, wie die Zentralbank hieß, 1913 mit knapper Mehrheit per Gesetz geschaffen. Noch heute haben die Banken starken Einfluss auf die Federal Reserve. Sie besitzen und kontrollieren die regionalen Untergliederungen, einschließlich der besonders mächtigen in New York, und bestimmen fünf der zwölf Mitglieder im Entscheidungsgremium der Notenbank in Washington.

> Die Zentralbanken wurden v.a. geschaffen, um den Geldschöpfungsprozess durch die Banken in geordnete Bahnen zu lenken. Ein Ansturm von Kreditkunden sollte auf diese Weise verhindert werden. Außerdem hatte man den Bedarf für eine Institution erkannt, die im Notfall dem Bankensystem mit zusätzlichem Bargeld aushelfen konnte.

Anders als die US-Notenbank gehört die Bundesbank dem Staat, nicht den Banken. Weisungsrechte hat die Regierung allerdings nicht. Die Bank von Italien gehört den Banken; die Österreichische Nationalbank wurde erst 2010 aus dem Besitz der Finanzinstitute in Staatsbesitz überführt, weil man infolge der damaligen Finanzkrise zu dem Schluss kam, dass es nicht eben hilfreich ist, wenn Finanzinstitute den Aufsichtsrat einer Institution stellen, welche sie beaufsichtigen soll.

Reservezwang sorgt für Disziplin bei der Geldschöpfung

Im Prinzip ist die Buchgeldschöpfung durch die Geschäftsbanken nur dadurch begrenzt, dass sie einen Teil des Geldes, das sie als Guthaben einräumen, bar vorhalten müssen. Denn normalerweise wird nur ein geringer Anteil je in bar abgehoben. Dieser Anteil liegt im einstelligen Prozentbereich. Je mehr Kredit eine Bank bei einem gegebenen Bargeldbestand gibt, desto mehr verdient sie. Damit setzt sie sich allerdings auch dem zunehmenden Risiko eines Bank-Run aus, denn die Kunden haben umso mehr Grund zum Misstrauen, je weniger flüssig eine Bank ist. Deshalb haben die Zentralbanken eine Mindestreserve eingeführt. Wenn sie höher ist als die Bargeldreserven, die die Banken von sich aus halten würden, begrenzt sie deren Geldschöpfung. Die Banken müssen das Bargeld nicht im Safe lagern. Es genügt, wenn sie ein Guthaben bei der Zentralbank haben, das jederzeit in Bargeld umwandelbar ist.

International sind die Mindestreservesätze immer weiter gesunken, weil die Banken die nationalen Gesetzgeber und Regulierer gegeneinander ausspielten. Die Banken in anderen Ländern dürften viel mehr Kredit geben, klagten sie. Wenn sie selbst nicht auch mehr Kredit (im Verhältnis zu den Bargeldreserven) ausreichen dürften, schade das „dem heimischen

Finanzplatz". Der häufig gehörte Ausdruck „Wettbewerbsfähigkeit des Finanzplatzes" bedeutet, einfacher ausgedrückt,
ein hoher Gewinn für die dortigen Banken.

Land/Region	Mindestreservesatz
USA	10 %
Euroraum	1 %
Großbritannien	keine
China	21 %

Mindestreservesätze (Beispiele; Stand Dezember 2011)

In den USA beträgt der Mindestreservesatz noch 10 %, das
heißt, das dortige Bankensystem ist in der Lage, rund ein
Zehntel der Guthaben tatsächlich auszahlen. Im Gebiet der
Europäischen Währungsunion beträgt der Satz nur noch 1 %.
Das heißt, die Banken können für jeden Euro Bargeld, den sie
vorhalten, 100 EUR Kredit ausreichen. Die Abschaffung der
Mindestreserve in Großbritannien war Teil einer großen De-
regulierungswelle des Finanzsystems, durch die sehr viel
Bankgeschäft nach London gelockt und die Stadt zum dominierenden Finanzplatz in Europa wurde. Die massiven Probleme mit den Bankensystemen der westlichen Welt, die uns
ab 2007 heimsuchten und wegen der nötigen Rettungspakete
die Staatshaushalte ruinierten, gehen darauf zurück, dass den
Banken durch die Deregulierung ermöglicht wurde, ein immer
größeres Rad zu drehen.

Die einzigen Staaten, welche die bei Banken unbeliebte, weil
ihre Gewinnmöglichkeiten beschränkende Mindestreserve

noch als Politikinstrument benutzen, das je nach Bedarf auch ausgeweitet werden kann, sind Schwellenländer wie z. B. China (böse Zungen behaupten, das sei der Fall, weil dort die Regierung die Banken kontrolliere und nicht umgekehrt). Die chinesische Zentralbank erhöhte ab 2010 die Mindestreserve in mehreren Schritten drastisch, um das Kreditwachstum und damit auch die Preisblase an den Immobilienmärkten einzudämmen.

Zentralbanken als Wachhunde und Retter

Die Zentralbank hat meist auch die Aufgabe, die Banken (mit) zu überwachen, damit keine sich zu hohe Risiken auflädt und so das ganze System gefährdet. Da die wichtigsten Banken der USA (und der Welt) in der Region New York beheimatet sind, fällt dabei die Hauptaufgabe einer regionalen Untergliederung der US-Notenbank, nämlich der Federal Reserve von New York, zu. Diese gehört, wie schon erwähnt, den Banken der Region und diese wählen auch Präsident und Aufsichtsrat aus. Die Banken überwachen sich also selbst. Wenn sie damit rechnen müssten, im Gefolge eines Bank-Run pleitezugehen, würden sie das wohl auch gewissenhaft tun. Aber eine massenhafte Bankenpleite fügt der Wirtschaft so großen Schaden zu, dass die Banken wissen, dass der Staat und die Zentralbank ihnen notfalls aus der Patsche helfen werden. Die Billionen Dollar schweren Rettungsprogramme im Zuge der Finanzkrise von 2007 bis 2009 wurden maßgeblich von der Federal Reserve of New York und damit letztlich von den Banken selbst umgesetzt. Auch die Bundesbank, die Bank von England und andere europäische Zentralbanken haben sich bei der Aufsicht über ihre „Schutzbefohlenen" nicht eben mit Ruhm bekleckert. Sie sind zwar unabhängig vom Staat, aber nur begrenzt unabhängig von den Banken, die sie überwachen sollen.

Die Notenbank hat eine relativ einfache Möglichkeit, die Banken zu retten, wenn sie nur illiquide sind, es also nur an Barem fehlt. Bargeld kann die Notenbank unbegrenzt bereitstellen. Dazu richtet sie Guthaben bei der Zentralbank ein, die jederzeit gegen Bargeld eintauschbar sind. Dazu kauft sie entweder den Banken Wertpapiere ab und gibt ihnen den Gegenwert als Zentralbankguthaben, oder sie leiht ihnen ein Guthaben.

> **Zentralbankreserven** sind Guthaben von Geschäftsbanken bei der Zentralbank. Für diese Guthaben können sie jederzeit bei der Zentralbank Bargeld erhalten.

Hüter der Preisstabilität

Die Sicherung der Preisstabilität wurde erst recht spät zu einer Aufgabe der Zentralbanken. Nachdem ihre Stellung stark genug geworden war, um die Geldschöpfung anzuheizen, indem sie den Banken mehr oder billigeres Geld gaben, oder sie zu bremsen, indem sie die Banken knapper hielten, wurde ihnen aufgetragen, für stabilen Geldwert zu sorgen. Dabei wenden die (westlichen) Notenbanken i.d.R. eine Variante der sog. Taylor-Formel an, benannt nach dem US-Ökonomen John Taylor. Um sicherzustellen, dass der Realzins (d.h. der inflationsbereinigte Zins, nicht lediglich der nominale Zins) steigt, hebt die Zentralbank dabei den Leitzins um den Inflationsanstieg plus einen Aufschlag an.

> **Realzins** ist der vereinbarte Zins, auch Nominalzins genannt, abzüglich der Inflationsrate. Er gibt an, wie viel mehr (oder weniger) man sich für die Kreditsumme plus Zins nach einem Jahr kaufen kann, im Vergleich zu dem, was man sich ursprünglich für die Kreditsumme hätte kaufen können.

Beispiel:

 Im Oktober 2011 betrug der Leitzins der Europäischen Zentralbank (EZB) 1,25 %, die Inflationsrate 3 %. Eine Bank, die sich bei der EZB für ein Jahr Geld lieh, musste unter Berücksichtigung des Geldwertverlustes in dieser Zeit etwa 1,75 % weniger zurückzahlen, als sie ausgeliehen hatte.

Außerdem sieht die Formel einen Abschlag beim Leitzins vor, wenn die Produktionskapazitäten der Wirtschaft unterausgelastet sind (Rezession), und einen Aufschlag, wenn sie überausgelastet sind (Hochkonjunktur). Auch das Verhalten von Zentralbanken, die eigentlich behaupten, anders zu handeln, lässt sich empirischen Untersuchungen zufolge recht gut mit der Taylor-Formel beschreiben.

Eine Zentralbank kann nicht pleitegehen

In Europa gerieten im Zuge der Finanzkrise einige Länder – zuerst Griechenland, dann Irland, Portugal, Spanien und Italien – in den Verdacht, überschuldet zu sein. Um Käufer für ihre Anleihen zu finden, mussten sie daher sehr hohe Zinsen bieten – höhere, als sie sich leisten konnten. Das war der Grund, warum die Europäische Zentralbank begann, Anleihen dieser Länder zu kaufen. Als sich die Krise zuspitzte, kam bei vielen Laien und selbst bei einigen Fachleuten die Sorge auf, dass die Zentralbank selbst pleitegehen könnte, falls diese Staaten ihre Schulden nicht zurückzahlen könnten.

Beispiel:

 Professor Ansgar Belke, Forschungsdirektor am Deutschen Institut für Wirtschaftsforschung, warnte im August 2011 vor Anleihekäufen der Europäischen Zentralbank und sagte dem *Handelsblatt*: „Schaut man sich die immer schlechtere Qualität und den stark gestiegenen Umfang der Notenbankbilanzen an, wird aber schnell deutlich, dass auch (...) Notenbanken ‚bankrott' gehen können."

Diese Sorge ist unbegründet. Eine Zentralbank hat zwar wie jede andere Bank eine Bilanz, mit Eigenkapital und Verbindlichkeiten auf der einen und Vermögenswerten auf der anderen Seite. Ihre Verbindlichkeiten sind jedoch von besonderer Art, weshalb eine Zentralbank, die eine eigene Währung kontrolliert, praktisch nicht pleitegehen kann. Pleite geht man, wenn man seinen Zahlungsverpflichtungen nicht mehr nachkommen kann. Wer keine großen Zahlungsverpflichtungen hat, kann nicht pleitegehen. Dazu sei beispielhaft die Bilanz (konsolidierter Wochenausweis) des Eurosystem s vom 18. Oktober 2011 dargestellt. Das Eurosystem ist die Verbindung aus Europäischer Zentralbank und den nationalen Zentralbanken des Euroraums.

Mrd. EUR	Aktiva (Haben)	Passiva (Soll)	Mrd. EUR
		Banknotenumlauf	860
		Ausgleichsposten für vom IWF zugeteilte Sonderziehungsrechte	54
		Eigenkapital und Rücklagen	81
420	Gold	Ausgleichsposten aus Neubewertung	383
587	Forderungen an Kreditinstitute aus geldpolitischen Operationen	Verbindlichkeiten an Kreditinstitute aus geldpolitischen Operationen	598
1.304	Wertpapiere, Bankguthaben, Sonstiges	Bankschulden und Sonstiges	335
2.311	**Summe**	**Summe**	**2.311**

Bilanz (konsolidierter Wochenausweis) des Eurosystems vom 18. Oktober 2011

Man sieht: Der größte Posten auf der Passivseite ist der Banknotenumlauf. De facto ist das keine Verbindlichkeit, weil niemand die Banknoten einreichen kann, um etwas anderes als Banknoten dafür zu bekommen. Als Banknoten noch mit Gold gedeckt waren, bestand diese Verbindlichkeit der Geld ausgebenden Zentralbank noch darin, gegen Vorlage der

Banknoten Gold herausgeben zu müssen. Seit es diese Verpflichtung nicht mehr gibt, ist die Gegenbuchung zur Geldschöpfung ein inhaltsleerer Bilanzeintrag, der nur erfunden wurde, damit unter dem Strich links und rechts die gleiche Summe steht, wie sich das für eine Bilanz gehört. Der zweitgrößte Posten unter den Verbindlichkeiten sind die Forderungen der Kreditinstitute aus geldpolitischen Operationen, also daraus, dass die Banken für die Kredite, die ihnen das Eurosystem gewährt, ein Guthaben mit Zentralbankgeld eingeräumt bekommen. Hier gleichen sich Forderungen und Verbindlichkeiten notwendigerweise weitgehend aus, was man an dem fast gleich großen Gegenposten auf der Aktivseite erkennt. Daneben hat das Eurosystem auf der Passivseite noch einen Ausgleichsposten für Sonderziehungsrechte. Das ist Kunstgeld, das der Internationale Währungsfonds früher geschaffen und den Zentralbanken kostenlos zugeteilt hat. Es ist ebenfalls keine materielle Verbindlichkeit. Dann sind da noch Eigenkapital und offene Rücklagen, ein relativ kleiner Posten, und die stillen Rücklagen daraus, dass das Gold (und andere Anlagen) im Besitz des Eurosystems heute sehr viel mehr wert sind als beim Kauf.

Zusammen machen Eigenkapital, Rücklagen und Passivposten, die keine materiellen Verbindlichkeiten darstellen, rund 1,4 Billionen EUR der gut 2,3 Billionen EUR großen Bilanzsumme des Eurosystems aus. Es gibt kein plausibles Szenario, unter dessen Bedingungen das Eurosystem mit seinen Wertpapieren und Krediten an Banken Verluste in Höhe von 1,4 Billionen EUR erleiden würde.

Wenn die Verbindlichkeiten weitgehend nur eine Bilanzposition sind, ist auch die Vermeidung einer Pleite nur eine Bilanzoperation. Schließlich hat die Zentralbank ja für die Vermögenswerte, die in ihrer Bilanz stehen, größtenteils nur selbst geschaffenes Geld ausgegeben.

Beispiel:

 Der Chef-Devisenstratege der britischen Großbank HSBC, David Bloom, drückte das so aus: „Wenn die Vermögenswerte einer Zentralbank an Wert verlieren, ist das so, als hätte man einen Goldschatz gefunden, und dann sinkt der Goldpreis. Der Gewinn ist etwas kleiner geworden, aber man ist immer noch reich."

Wenn die Zentralbank hohe Verluste erwirtschaftet, weil manche ihrer Wertpapiere stark im Wert sinken, kann sie einfach einen Verlustvortrag in die Bilanz schreiben. Dieser wird dann mit späteren Gewinnen verrechnet. Oder sie kann stille Reserven heben. So verzeichnete allein die Bundesbank Ende 2010 Bewertungsgewinne auf ihren Goldhort von etwa 130 Mrd. EUR, die sie als „stille Reserve" bisher nicht als Gewinn an den Bundeshaushalt abgeführt hatte.

Warum ist Inflation schädlich und für wen?

Wirtschaftswissenschaftler haben durch statistischen Vergleich der Erfahrungen vieler Länder festgestellt, dass Inflationsraten ab etwa fünf Prozent schädlich für die Wirtschaft sind. Länder mit Inflationsraten in dieser Größenordnung oder darüber müssen mit einem geringeren Wirtschaftswachstum leben als Länder mit stabileren Preisen.

Diese Tatsache wird v.a. darauf zurückgeführt, dass es schwer ist, die Inflation auf einem derart hohen Niveau zu stabilisieren. Wenn die Geldentwertung hoch ist, schwanken in aller Regel auch die Inflationsraten von Jahr zu Jahr stark. Schwankende Teuerungsraten erschweren den Teilnehmern am Wirtschaftsleben das Planen und Rechnen. Wenn die Preise dauernd kräftig steigen, ist es schwer zu unterscheiden, was davon allgemeine Geldentwertung ist und was darauf zurückgeht, dass ein bestimmtes Gut teurer geworden ist als andere. Es ist schwer, ein verlässliches Gefühl für relative Preise zu entwickeln, wenn sich die Preise dauernd ändern.

Bei stark schwankenden Inflationsraten wird jede festverzinsliche Geldanlage zu einem Lotteriespiel, weil man die Inflationsrate immer erst hinterher kennt. Wer Geld zu einem bestimmten Zins anlegt, weiß vorher nicht, wie viel von dem Zinsertrag dadurch aufgefressen wird, dass er nach Rückzahlung weniger Waren für sein Geld bekommt. Er weiß mit anderen Worten nicht, wie hoch der Realzins oder inflationsbereinigte Zins ist. Deshalb verlangt er einen Risikozuschlag zum Zins. Der Realzins ist deshalb höher als in Ländern mit niedrigerer und stabilerer Inflationsrate. Da Investitionen mindestens den Realzins erwirtschaften müssen, den man Fremdkapitalgebern bezahlen muss, lohnt sich das Investieren bei hohem Zinsniveau weniger.

Hohe Inflationsraten weisen i.d.R. stärkere Schwankungen auf. Diese erschweren es den Konsumenten, Unternehmen und Anlegern zu planen und ein verlässliches Gespür für relative Preise zu entwickeln. Geldanleger müssen bei langfristiger Anlage unangenehme Überraschungen fürchten und verlangen deshalb bei hoher Inflation einen hohen Zuschlag, um das Inflationsrisiko auszugleichen. Investitionen lohnen sich bei hohem Zins weniger. Deshalb wird weniger investiert.

Zu stabil ist auch nicht gut

Vollständig stabile oder gar sinkende Preise gelten allerdings ebenfalls als schädlich für die Wirtschaft. Das hat v.a. drei Gründe:

- Bei sinkenden Preisen steigt die Belastung der Schuldner.
- Der Zins kann nicht unter null sinken.
- Die Löhne sind oft nach unten starr.

Wenn die Preise unerwartet längere Zeit sinken, also Deflation herrscht, dann ist die Belastung aller Schuldner deutlich höher, als sie zum Zeitpunkt ihrer Verschuldung erwartet hatten. Denn der Rückzahlungsbetrag wird im Verhältnis zu dem, was man dafür kaufen kann, und zum eigenen laufenden Einkommen immer mehr wert. Viele Schuldner gehen pleite, was für die Gläubiger Zahlungsausfälle bedeutet. Diejenigen, die nicht pleitegehen, versuchen alle, ihre Schulden zu senken. Das hat die weiter oben schon beschriebenen negativen Rückkopplungseffekte zur Folge. Wenn jeder sich entschulden will und keiner mehr Geld ausgeben möchte, fehlen die zur Entschuldung nötigen Einkommen.

Beispiel:

 Japan war ab etwa Mitte der 1990er-Jahre eineinhalb Jahrzehnte lang in einer Deflationsspirale gefangen. Obwohl die Notenbank den Leitzins auf null senkte, sanken die Preise beharrlich, die Wirtschaft wuchs kaum und fiel immer wieder in die Rezession zurück.

Weil der nominale Leitzins nicht unter null sinken kann, kann die Zentralbank mit ihrer Zinspolitik wenig gegen Deflation unternehmen, sobald diese eingetreten ist. Wenn etwa die Preise mit einer Rate von 2 % pro Jahr fallen, dann liegt der inflationsbereinigte (reale) Leitzins selbst bei einem Leitzins von null immer noch bei 2 %. Das ist unter normalen Umständen akzeptabel, in einer Wirtschaftskrise aber nicht.

Dass die Löhne nach unten starr sind, hat gesetzliche und psychologische Gründe. Ein Unternehmen kann zwar dem einzelnen Arbeitnehmer eine Gehaltserhöhung bewilligen, um die Inflation auszugleichen. Es kann aber rechtlich – zumindest in Deutschland – nicht den vertraglich vereinbarten Lohn kürzen, weil die Preise gesunken sind. Der psychologische Grund liegt darin, dass die Menschen es als unfaire Zumutung empfinden, wenn ihr Gehalt gekürzt wird, selbst wenn dies preisbereinigt gar nicht wirklich der Fall sein sollte.

Wenn es einem Wirtschaftszweig eine Zeit lang nicht gut geht, sollten die Löhne dort im Vergleich zu anderen Branchen sinken. Bei Preisstabilität oder gar sinkenden Preisen steigen die Löhne nirgends kräftig, sodass für eine deutliche Änderung der Lohnverhältnisse Lohnsenkungen in mehreren Branchen nötig wären. Diese lassen sich aber sehr viel schwerer durchsetzen als ein Verzicht auf vollen Inflationsausgleich.

Aus diesen Gründen gilt eine Inflationsrate von 2 % den meisten Zentralbanken als niedrigster noch ausreichender Sicherheitsabstand zu einem Szenario sinkender Preise. Deshalb bezeichnet die Europäische Zentralbank diese Teuerungsrate, nicht ganz korrekt, als „vereinbar mit Preisstabilität".

> Ganz ohne Geldentwertung funktioniert die Wirtschaft nicht gut, weil die Anpassung der Lohnentwicklung an die relative Entwicklung einzelner Branchen und Unternehmer dann kaum noch möglich ist, weil die Schuldner bei (unerwartet) sinkenden Preisen in Schwierigkeiten geraten und weil die Zinspolitik der Zentralbank bei sinkenden Preisen ihre Wirkung verliert. Bei weniger als 2 % Inflation ist der Sicherheitsabstand zur Deflation zu klein. Ab 4–5 % Inflation sind schädliche Wirkungen auf die Wirtschaft nachgewiesen.

Inflation ist schädlich, nicht unsozial

Um die Vorzüge der Inflationsbekämpfung deutlich zu machen, wird gerne argumentiert, Inflation sei unsozial, weil sie v.a. die Rentner und die Bezieher geringer Einkommen treffe. Diese Argumentation ist so stark vereinfachend, dass sie schon fast irreführend wird. Bei gegebenem Einkommen ist natürlich für jeden Menschen weniger Inflation besser als mehr, und Leuten mit geringem Einkommen tut es besonders weh, wenn die Dinge des täglichen Bedarfs teurer werden.

Doch für die meisten ist das Einkommen nicht unabhängig von der Inflationsrate. Renten werden i.d.R. an die Inflation oder an die Gehaltsentwicklung angepasst. Bevor die Preise steigen, sind meist die Löhne und Gehälter schon gestiegen. Sonst hätte es keine Inflation gegeben, sieht man einmal von Ölpreissteigerungen und Ähnlichem ab. Daher sind den meisten Zentralbanken Lohnerhöhungen ein Dorn im Auge. Im Kern läuft die Inflationsbekämpfung darauf hinaus, „übermäßige" Lohnerhöhungen zu verhindern. Das ist nicht immer populär, weshalb die Zentralbanken gern in die argumentative Trickkiste greifen, um die Inflationsbekämpfung dennoch als etwas darzustellen, das im Interesse der kleinen Leute sei.

Was aber passiert tatsächlich, wenn es zu einer unerwarteten Beschleunigung der Inflation kommt, weil die Zentralbank durch großzügige Geldpolitik zugelassen hat, dass Löhne und Gehälter kräftig steigen? Nehmen wir an, dadurch stiege die Inflationsrate unerwartet von zwei auf vier Prozent. Die Arbeitnehmer sind bereits durch höhere Löhne entschädigt. Die Renten werden im Nachhinein angepasst. Bei Sozialleistungen geschieht das oft nicht, aber der Verzicht auf die Anpassung ist dann eine Entscheidung der Regierung. Am Beispiel der Renten erkennt man, dass die Anpassung leicht möglich wäre. Erst dadurch, dass die Politik sich entscheidet, die Sozialhilfe (inflationsbereinigt) zu kürzen, wenn die Inflation steigt, geraten die sozial Schwachen in eine Allianz mit den Hauptverlierern von Inflation: den Finanzinstituten und den Reichen.

Den Hauptschaden tragen nämlich all diejenigen, die Geld zu festem Zins angelegt oder zu festem Zins jemandem Kredit gegeben haben. Denn der Realzins, den sie tatsächlich bekommen, wird durch die Geldentwertung niedriger als der, mit dem sie kalkuliert haben. Die Geschädigten sind also v.a. die Banken als Hauptkreditgeber und diejenigen unter den Vermögenden, die ihr Geld in Anleihen angelegt haben. Wer

Immobilien besitzt, ist normalerweise geschützt, weil die Immobilienpreise i.d.R. mit der Inflation steigen. Aktienkurse entwickeln sich oft nicht gut, wenn die Inflation unerwartet hoch ist, weil steigende Löhne tendenziell die Gewinne der Unternehmen schmälern. Aktien stellen ja einen Anspruch auf einen Anteil am Unternehmensgewinn dar.

Kurz gesagt sind also die Hauptleidtragenden eines Inflationsanstiegs die Banken und die Vermögenden. Rentner gehören gar nicht so selten zu den Vermögenden. Nur dann sind auch sie unter den Hauptleidtragenden.

Anders verhält es sich nur, wenn die Inflation nicht von steigenden Löhnen verursacht, sondern importiert wird, etwa weil die Weltmarktpreise für Öl, andere Rohstoffe oder Nahrungsmittel stark steigen. Dann trifft es wirklich die Ärmsten am stärksten. Aber diese Art von Inflation kann ohnehin keine Notenbank verhindern.

> Wenn die Zentralbank durch lockere Geldpolitik steigende Löhne und Preise zulässt, sind die Hauptleidtragenden die Gläubiger, also die Banken und die Vermögenden.

Gibt es eine Wahl zwischen Inflation und Arbeitslosigkeit?

Vom früheren Bundeskanzler Helmut Schmidt stammt der Ausspruch: „Lieber 5 % Inflation als 5 % Arbeitslosigkeit." Das war zu Zeiten, als 5 % Arbeitslosigkeit noch als viel galt. In der Ökonomie wird die Beziehung zwischen beiden Größen als Phillips-Kurve bezeichnet, benannt nach einem Ökonomen, der durch Beobachtung der britischen Wirtschaft festgestellt hat, dass mit steigender Inflation die Arbeitslosigkeit sinkt und umgekehrt (siehe die folgende Abbildung). Eine solche Beziehung wurde auch in anderen Ländern festgestellt. Sie lässt sich gut erklären.

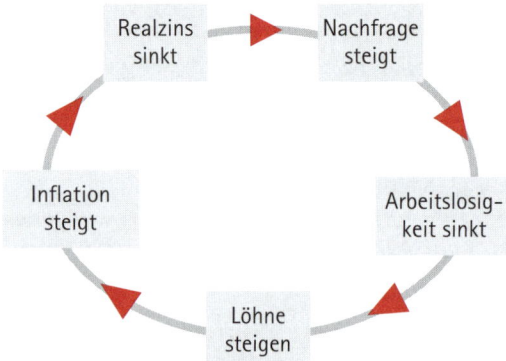

Phillips-Kurve: Arbeitslosigkeit sinkt, Inflation steigt

Nehmen wir an, die Nachfrage aus dem Ausland steigt. Die Exporteure verkaufen mehr und ordern neue Maschinen. Mehr Menschen finden Arbeit, die Verhandlungsposition der Arbeitnehmer verbessert sich, die Löhne steigen. Die Unternehmen überwälzen die höheren Löhne in Form von Preissteigerungen auf die Konsumenten, die ja als Gehaltsempfänger mehr Geld in der Tasche haben. Nach einem oder zwei Jahren ist die Arbeitslosigkeit niedriger, die Inflation höher als vorher. Sofern die Notenbank nicht gegensteuert, setzt sich der Prozess weiter fort, denn wenn der Nominalzins gleich bleibt und die Inflation steigt, dann sinkt der Realzins. Wenn der Realzins sinkt, nehmen die Leute eher einen Kredit auf und kaufen ein Haus oder ein Auto, die Unternehmen investieren mehr.

Entscheidet nun die Zentralbank, dass eine Inflationsspirale droht, weil steigende Löhne und Preise sich gegenseitig nach oben schrauben könnten, erhöht sie kräftig die Zinsen. Jetzt tritt der umgekehrte Fall ein: Es wird weniger investiert und weniger Häuser und Autos werden gekauft. Die Arbeitslosigkeit steigt, die Löhne steigen weniger oder stagnieren, die Inflation geht zurück. Nach vielleicht einem Jahr ist die Inflation deutlich gesunken, die Arbeitslosigkeit gestiegen.

Streit um die längere Frist

Dieser Zusammenhang ist weitgehend unumstritten. Er bildet die Grundlage für die Strategie der Zentralbanken, durch Zinsänderungen die Inflationsrate zu stabilisieren.

Umstritten ist dagegen, ob man dauerhaft mit mehr Inflation weniger Arbeitslosigkeit erkaufen kann oder ob das nur ein kurzfristiger Effekt ist, der wieder verpufft. Diejenigen, die Letzteres annehmen, argumentieren, das Zulassen einer höheren Inflationsrate sei immer mit der Notwendigkeit verbunden, die Inflationsrate später wieder zu senken, wodurch man auch die zunächst positive Wirkung auf die Beschäftigung wieder zunichtemache. Deshalb sei es besser, diesen Weg erst gar nicht zu gehen.

> Kurzfristig führt eine lockere Geldpolitik zu höheren Preisen und zu niedrigerer Arbeitslosigkeit. Ob das auch langfristig gilt, ist umstritten.

Die Gegenmeinung stellt diesen festen Zusammenhang in Frage. Die Argumentation geht so: Wenn es hohe Arbeitslosigkeit gibt, werden Produktivkräfte nicht genutzt. Sorgt die Zentralbank durch niedrige Zinsen für eine Zunahme der Nachfrage und erhöht sich die Beschäftigung, steigt das Güterangebot. Die höhere Nachfrage richtet sich also nicht auf ein festes Angebot an Gütern, sondern auf ein steigendes. Nach dieser Ansicht kann die Zentralbank also, wenn in der Ausgangslage Arbeitslosigkeit herrscht, diese dauerhaft senken, indem sie die Zinsen niedrig hält, ohne dass die Inflationsrate sich immer weiter erhöht.

Im deutschsprachigen Raum herrscht in der Bevölkerung und unter Ökonomen eher die erste Ansicht vor, wonach Geldpolitik nichts gegen die Arbeitslosigkeit tun kann. Deshalb hatte vor Beginn der Währungsunion die Bundesbank allein die Aufgabe, für Preisstabilität zu sorgen, und deshalb wurde diese Aufgabenstellung auch auf die Europäische Zentralbank in Frankfurt übertragen. In den USA herrscht dagegen eher die zweite Auffassung vor, weshalb der Notenbank dort gleichberechtigt die Aufgaben zufallen, die Inflation und die Arbeitslosigkeit in Schach zu halten.

Steigen die Preise, wenn die Geldmenge steigt?

Als die Bundesbank noch für die Geldpolitik in Deutschland verantwortlich war, folgte sie, zumindest ihren Worten nach, der Empfehlung des amerikanischen Ökonomen Milton Friedman, die Geldmenge zu steuern, um Inflation zu verhindern. Die Grundidee dahinter ist, dass das Verhältnis von Geldmenge und Gütermenge die Preise bestimmt. Wenn die umlaufende Geldmenge, die für Käufe zur Verfügung steht, stärker steigt als die verfügbare Gütermenge, dann steigen die Preise, weil immer mehr Geld die gleiche Menge an Gütern „jagt". Deshalb gab die Bundesbank jedes Jahr einen Zielwert für die Vermehrung der Geldmenge aus, die sie mit Preisstabilität für vereinbar hielt. In mehr als der Hälfte der Jahre hat sie dieses Ziel allerdings deutlich verfehlt. Das liegt daran, dass die Zentralbank nicht direkt die Geldmenge steuern kann, die die Banken im Wege der Kreditvergabe schaffen.

Neben der fehlenden Steuerbarkeit in einem System, in dem die Banken das meiste Geld schaffen, liegt ein zweites Problem darin, dass man nie weiß, wofür das von den Banken geschaffene Buchgeld verwendet wird. Es kann nämlich nicht nur zum Kauf von Verbrauchsgütern und Dienstleistungen verwendet werden, wie das die Anhänger der Geldmengenregel im Sinn haben, sondern auch zu spekulativen Zwecken, wie dem Kauf von Aktien, Anleihen oder Immobilien. Letzteres hat keinen direkten Einfluss auf die Verbraucherpreise. Die Verbindung zwischen Geldmengenausdehnung und Inflation der Verbraucherpreise ist daher sehr unzuverlässig und kann stark schwanken.

Die folgende Tabelle zeigt zwei Episoden, in denen die Geldmengenausweitung zunächst die Aktienkurse kräftig nach oben trieb und die nachfolgende starke Abschwächung der Geldmengenausdehnung mit deutlich sinkenden Aktienkursen einherging. Bei den Verbraucherpreisen wirkte sich die stark unterschiedliche Geldmengenentwicklung nur hinter dem Komma aus. Statt der Geldmenge hätte man auch das Kreditvolumen heranziehen können. Die Wachstumsraten bewegen sich in der gleichen Größenordnung, da beides zwei Seiten einer Medaille sind.

Durchschnittliche jährliche Steigerung	Jan. 2005 – Dez. 2007	Jan. 2008 – Dez. 2010
Geldmenge M3	10 %	2 %
Aktienindex DAX	22 %	–5 %
Verbraucherpreise	2 %	2 %

Geldmenge, Aktienkurse und Inflation

Bis zur Finanzkrise, die 2007/2008 ausbrach, hatte man gedacht, dass alles in Ordnung sei, solange die Verbraucherpreise nicht stärker stiegen als 2 % pro Jahr. Die Zentralbanken und die meisten Ökonomen hatten aber nicht bedacht, dass es mindestens genauso schädlich sein kann, wenn das zusätzlich geschaffene Geld in Vermögenswerte fließt und die Preise von Häusern, Wohnungen und Aktien stark nach oben treibt.

Ob eher die Verbraucherpreise oder eher die Vermögenspreise steigen, hängt v.a. von der Lohnentwicklung ab. Steigen die Löhne im Zuge des wirtschaftlichen Wachstums, so steigen auch der Konsum und die Preise von Konsumgütern. Steigen die Löhne für die Masse der Bevölkerung dagegen nur sehr geringfügig, wie das in den USA seit den 1980er-Jahren und in Deutschland seit etwa 1996 der Fall war, dann steigen v.a. die Gewinne der Unternehmen sowie die (oft gewinnabhängigen) Gehälter des oberen Managements und die Vermögenseinkommen. Das zusätzliche Geld fließt dann in Vermögenswerte, die immer teurer werden.

Wenn Aktien und Immobilien jahrelang kräftig im Wert steigen, entsteht leicht eine Spekulationsblase. Immer mehr Investoren wollen in der Erwartung weiterer Preissteigerungen Immobilien oder Aktien kaufen, bis die Preise dermaßen übertrieben sind, dass die Blase irgendwann platzt. Dann stellt sich heraus, dass den Schulden, die Unternehmen und Privatleute bei den Banken sowie Finanzinstitute bei anderen Finanzinstituten angehäuft haben, keine wirklichen Werte gegenüberstehen – und die Finanzkrise ist da.

> Wenn die Geldmenge stärker steigt, als die Wirtschaft wächst, steigen die Preise. Davon können die Verbraucherpreise betroffen sein, doch nicht notwendigerweise. Stattdessen kann das zusätzliche Geld auch die Preise von Vermögenswerten wie Immobilien oder Aktien in die Höhe treiben. Wenn sie übertrieben stark steigen, ist das gefährlich, weil es zu einem plötzlichen und starken Einbruch kommen kann.

Seit der Internet-Blase um die Jahrtausendwende, als viele Aktienkurse von Internet- und Telekommunikationsunternehmen massiv in die Höhe schossen, nur um dann ebenso stark wieder zu fallen, wird intensiv darüber diskutiert, ob die Zentralbanken auch die Inflation der Vermögenswerte berücksichtigen und eindämmen sollten. Geändert hat sich bisher aber nichts, weil es im derzeitigen Geldsystem keine brauchbare Strategie gibt, um beide Arten von Inflation gleichzeitig zu bekämpfen. Deshalb warnt die Europäische Zentralbank eindringlich vor höheren Lohnsteigerungen, hat aber zu den Aktienkursen und Immobilienpreisen wenig zu sagen und ignoriert diese bei der Politikgestaltung. Etwas später werden wir noch ein alternatives Geldsystem kennen lernen, in dem solche Preisblasen weit weniger wahrscheinlich wären.

Welche Rolle spielte Geldschöpfung bei der Subprime-Krise?

Die große weltweite Finanzkrise, die 2007 in den USA als sog. Subprime-Krise begann und sich 2008 mit der Pleite der Bank Lehman Brothers zu einer internationalen Krise auswuchs, hatte ihren Ursprung wie die meisten Finanzkrisen in übermäßiger Kreditvergabe und damit Geldschöpfung der Banken. Das Besondere an der Subprime-Krise war lediglich die Art und Weise, wie die Banken es in diesem Fall schafften, sämtliche Begrenzungen der Kreditvergabe praktisch außer Kraft zu setzen. Dazu gehörte, dass die wichtigsten Wirtschaftspolitiker der USA, darunter Notenbankchef Alan Greenspan, Finanzminister (und Ex-Chef der Investmentbank Goldman Sachs) Robert Rubin sowie dessen Zögling und Nachfolger Lawrence Summers, durch Deregulierung der Finanzbranche und aktives Verhindern sinnvoller Regulierung dafür sorgten, dass die Banken neue Finanzprodukte praktisch ohne Aufsicht und ohne Beschränkungen einsetzen konnten, um Gewinn und Risiko nach oben zu treiben.

Rubin, gerade erst von der Bankbranche in das Amt des Finanzministers gewechselt, brachte 1996 ein Gesetz durch das Parlament, das es den Banken erlaubte, ihre Pflicht zur Bereithaltung von Eigenkapital zu reduzieren, wenn sie sich über sog. Credit Default Swaps (CDS) eine Versicherung für die in ihrem Besitz befindlichen Anleihen kauften.

> **Credit Default Swaps** (CDS) sind Versicherungen gegen Kreditausfälle bei einem Wertpapier. Der Verkäufer des CDS übernimmt das Risiko, der Käufer des CDS erhält bei einem Ausfall eine Geldzahlung. Anders als bei einer normalen Versicherung muss man das versicherte Wertpapier nicht besitzen. Man kann also mit CDS auch eine Wette eingehen, dass eine Anleihe oder ein Kredit nicht zurückbezahlt wird.

Wenn eine Bank eine Anleihe von Siemens hält und ein CDS auf diese Anleihe gekauft hat, kann ihr nichts passieren, so die Idee. Deshalb musste sie ab 1996 nicht mehr einen bestimmten Prozentsatz des Anleihewerts an Eigenkapital vorhalten, um ihre eigene Zahlungsfähigkeit sicherzustellen.

Missbrauch von Kreditversicherungen

Dieses Instrument ließ sich aber sehr leicht missbrauchen, und so geschah es auch – in großem Stil. Im einfachsten Fall gibt dazu die eine Bank CDS auf Siemens-Anleihen heraus, die die andere Bank kauft. Letztere gibt ebenfalls CDS auf Siemens-Anleihen heraus, die die erste Bank kauft. Auf diese Weise haben beide Banken pro forma ihre Anleihen abgesichert und müssen weniger teures Eigenkapital vorhalten. Wenn aber die Siemens-Anleihe tatsächlich ausfallen sollte, haben beide den vollen Schaden zu tragen, nur eben den der jeweils anderen Bank (siehe die folgende Abbildung). Das Eigenkapital, um diese Verluste auszugleichen, haben aber beide Banken nicht vorgehalten.

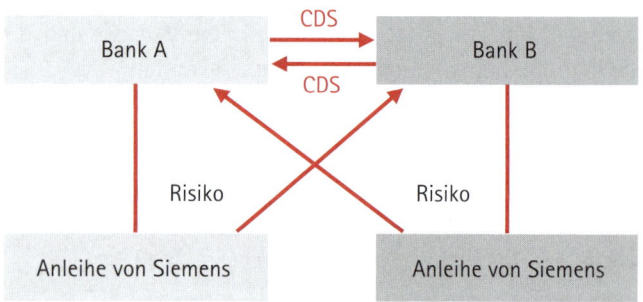

Banken tauschen Risiken und senken dadurch Kapitalbedarf

Es gibt noch eine weitere Variante dieses Tricks. Dabei verkauft ein Versicherer, wie z.B. der weltgrößte Versicherungskonzern AIG, die CDS-Policen an Banken, wie in der folgenden Abbildung dargestellt. Bank A und B tragen dann vermeintlich kein Risiko mehr und müssen weniger Kapital vorhalten. Das erscheint zunächst auch korrekt, weil die Risiken ja nun tatsächlich außerhalb des Bankensystems liegen.

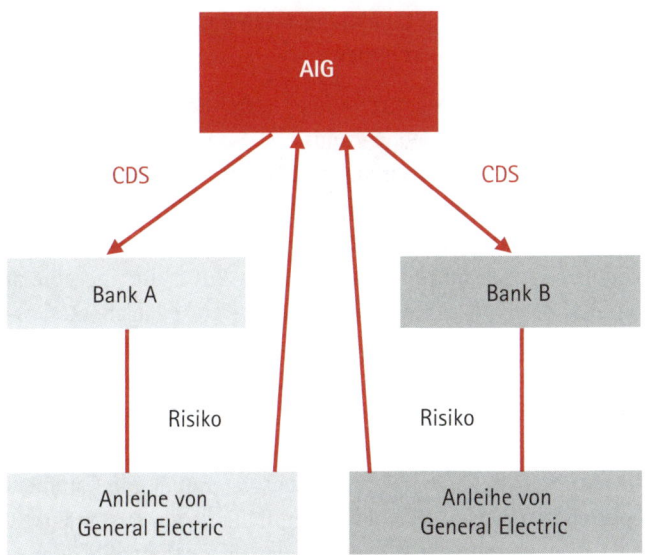

Die Risiken, an denen sich AIG verschluckte

Was aber passiert, wenn die Anleihe tatsächlich ausfällt? Dann geht AIG pleite, weil der Konzern Riesenmengen an CDS-Policen verkauft hat. Niemand hat im Vorfeld überprüft, ob AIG auch eine ausreichende Kapitaldecke besaß, um diese massiven Risiken tragen zu können. Wäre AIG nicht mit 180 Mrd. Dollar vom amerikanischen Steuerzahler gerettet worden, wären die Banken auf ihrem Schaden sitzengeblieben und viele wären selbst pleitegegangen. Die Risiken hatten also nur scheinbar das Bankensystem verlassen, weil das Unternehmen, das sie übernommen hatte, sie gar nicht tragen konnte. Bei ihrer Kapitalplanung taten die Banken jedoch so, als gäbe es keine Risiken mehr.

Solche neuartigen Finanzprodukte hatten schon 1998 bei der Beinahe-Pleite des Hedge-Fonds LTCM das Weltfinanzsystem an den Rand des Zusammenbruchs gebracht. Auch bei der Pleite des amerikanischen Energieriesen Enron im Jahr 2004 hatte sich gezeigt, welches Schindluder man damit treiben konnte. Der bekannte Investor Warren Buffet hat sie einmal als „finanzielle Massenvernichtungswaffen" bezeichnet. Deshalb wollte die zuständige Regulierungsbehörde dafür sorgen, dass zumindest registriert wird, wer wem welche dieser Produkte verkauft. Wäre es dazu gekommen, dann hätten die Banken die Regeln zur Eigenkapitalausstattung nicht so einfach aushebeln können. Doch Greenspan, Rubin und Summers sorgten dafür, dass der aufsässigen Behörde die Zuständigkeit entzogen wurde und die neuartigen Finanzprodukte weiter völlig unreguliert blieben und im Verborgenen wachsen konnten. Die Finanzbranche konnte somit ihr Risiko und ihre Gewinne weiter vervielfältigen – bis es zur Katastrophe kam.

Missbrauch von Kreditverbriefungen

Ein ähnlicher Missbrauch fand bei der *Verbriefung* von Immobiliendarlehen statt. Durch die Verbriefungen war es den Banken möglich, den errechneten Kapitalbedarf zu senken, denn sie hielten die Kredite und das damit zusammenhängende Ausfallrisiko ja nicht mehr selbst. Oft waren die Käufer wiederum Finanzinstitute, die dann eigentlich zusätzliches Kapital hätten bereithalten müssen, um etwaige Risiken tragen zu können. In der Praxis führten diverse finanzmathematische Tricks dazu, dass die Risiken weitgehend verschwanden.

> **Verbriefung** bedeutet, dass eine Bank, die Darlehen vergibt, diese Darlehen bündelt und in Wertpapierform bringt. Diese Wertpapiere verkauft sie dann weiter.

Wichtigste Spieler waren die drei großen Rating-Agenturen. Deren Kerngeschäft besteht darin, Anleihen auf ihre Ausfallsicherheit hin zu bewerten. Die drei großen, allesamt in New York sesshaften Agenturen haben ein weltweites Fast-Monopol. Viele Fonds dürfen nur Anleihen kaufen, deren Benotung durch die Agenturen einen bestimmten Wert nicht unterschreitet. Die Höhe des Kapitals, das die Banken vorhalten müssen, richtet sich auch nach der Benotung der Anleihen, die die jeweiligen Banken halten. Je besser die Benotung, desto weniger Kapital müssen sie vorhalten.

Beispiel:

Die Untersuchungskommission des US-Kongresses zur Finanzkrise befand im Januar 2011: „Die drei großen Rating-Agenturen waren Schlüsselfiguren in der Finanzkrise. Die Finanzprodukte im Zentrum der Krise hätten ohne ihre Qualitätssiegel nicht verkauft werden können. Die Ratings trieben die Hauspreise in die Höhe, und die Herunterstufungen der Ratings ab 2007 richteten Verwüstungen auf den Immobilienmärkten an." Der Untersuchungsbericht zitiert auch einen inzwischen berühmten E-Mail-Wechsel zwischen zwei Mitarbeitern der Rating-Agentur Standard & Poor's, in dem der eine schreibt: „Lass uns hoffen, dass wir alle reich und in Rente sind, bevor dieses Kartenhaus zusammenbricht."

Die Banken zahlten den Rating-Agenturen hohe Prämien dafür, dass diese sie bei der Verbriefung berieten und die Wertpapiere anschließend bewerteten. Diese Bewertungen fielen äußerst gut

aus, so gut, dass das Bankensystem insgesamt für verbriefte
Kredite deutlich weniger Kapital vorhalten musste als für Kredite,
die die Kreditgeber selbst behielten. Das war ein verrücktes
Ergebnis, denn jemand, der selbst Kredit gibt und das Kreditrisiko
behält, achtet darauf, dass seine Kunden stets kreditwürdig sind.
Jemandem, der weiß, dass er das Kreditrisiko weitergeben wird,
kann das gleichgültig sein. Die Sicherheit, dass andere einem das
Risiko in jedem Fall abnehmen werden, boten die Rating-Agenturen mit ihren Bestnoten, an deren Vergabe sie extrem gut
verdienten.

Die Milliardenverluste deutscher Banken beruhten darauf, dass
sie Unmengen dieser windigen Finanzprodukte aus Amerika kauften. Das lohnte sich, weil man hohe Zinsen dafür bekam, höhere
als für andere Wertpapiere mit einer gleich guten Bewertung. Die
hohen Zinsen der erstklassig bewerteten Subprime-Produkte zeigen, dass die Finanzmarktteilnehmer wussten, was gespielt wurde: Diese Papiere waren keineswegs so sicher, wie ihre Noten
anzeigten. Aber Hauptsache, man durfte sie kaufen und man
konnte seinen Eigentümern und Anlegern sagen: „Seht her, wir
haben nur in Papiere mit Bestnoten angelegt und trotzdem eine
so tolle Rendite erzielt."

Die Banken, die die Kredite verbrieften, wussten natürlich, was
sie taten. Einige, wie die große Investmentbank Goldman Sachs,
spekulierten sogar selbst an der Börse darauf, dass die Verbriefungen notleidend werden würden, oder sie halfen anderen,
solche Verbriefungen zusammenzustellen und dann auf deren
Zahlungsausfall zu spekulieren.

Kredit auf Teufel komm raus

Hier kommen schließlich die Kredite an nicht kreditwürdige
Haushalte zum Immobilienkauf ins Spiel, die sog. *Subprime-
Kredite.*

Subprime-Kredite sind Kredite an US-Immobilienkäufer, welche die
üblichen Standards für gute (engl. *prime*) Schuldner nicht erfüllen.

Weil die Finanzalchemie mit Hilfe willfähriger Rating-Agenturen ein so gutes Geschäft war und weil es dabei auf die Kreditwürdigkeit des Schuldners für die kreditgebende Bank nicht mehr wirklich ankam, vergaben die Banken ohne Ansehen der Person massenhaft Kredit. Kreditkunden mussten kein Gehalt mehr nachweisen oder die Nachweise wurden nicht kontrolliert. Das Prinzip lautete: Hauptsache Masse. Damit auch diejenigen, die nicht einmal anfangs imstande waren, den Schuldendienst zu leisten, ein Haus auf Kredit kaufen konnten, bekamen sie Sonderkonditionen, bei denen der Schuldendienst einige Jahre lang sehr niedrig war, um dann kräftig zu steigen.

Durch die riesigen Kredite, die in den Wohnungsmarkt gepumpt wurden, stiegen die Immobilienpreise viele Jahre lang mit immer höheren Wachstumsraten. Die naiven Kreditkunden verließen sich darauf, dass sie bereits einen großen Wertzuwachs auf ihr Haus erzielt haben würden, bis der Schuldendienst nach oben schoss. Der Kredit hätte sich damit praktisch selbst finanziert. Auf diese Weise trieben die Banken die Immobilienpreise in den USA in immer absurdere Höhen.

Beispiel:

Auf dem Höhepunkt der Subprime-Kreditmanie bildete sich der Ausdruck „Ninja-Kredite" heraus, eine Kurzform für „No income no job or asset", also kein Einkommen, kein Job und kein Vermögen. Das liest sich wie eine Definition von Kunden, die auf keinen Fall einen Kredit bekommen dürfen. Doch die Ninjas waren gern gesehene Kunden der Banken, die die vergebenen Kredite sofort verbrieften und weiterverkauften, um das Risiko wieder los zu sein.

Ende 2006 hörten die Immobilienpreise auf zu steigen, und das Kartenhaus stürzte zusammen. Die Finanzmarktteilnehmer rechneten nach und stellten fest, dass ohne Wertsteigerungen der Immobilen Millionen Kreditkunden ihre Raten nicht mehr würden bezahlen können. Offensichtlich waren die verbrieften Kredite viel weniger sicher, als die Rating-Agenturen behauptet hatten. Die Verbriefungen waren nun nicht mehr absetzbar. Ohne die Möglichkeit der Verbriefung wollten die Banken keine Immobilienkredite mehr vergeben. Und ohne neues Geld für den Immobilienmarkt brachen die überhöhten Preise ein. Millionen Amerikaner hatten deshalb plötzlich Schulden, die den Wert ihres Haus überstiegen, und meldeten Bankrott an.

Die Verbriefungen, die ja einen Anspruch auf die Schuldendienstzahlungen der Kreditnehmer festschrieben, verloren massiv an Wert, da diese Zahlungen ausblieben. Die Banken, v.a. in den USA und Europa, mussten deshalb milliardenschwere Verluste einstecken, die ihre Existenz gefährdeten. Dadurch war gleichzeitig das gesamte Bankensystem bedroht, denn die Banken haben untereinander zahlreiche Verbindlichkeiten, die damit alle gefährdet waren.

Dumping durch Regulierungsverzicht

Der Umstand, dass selbst die größten amerikanischen Investmentbanken wie Lehman Brothers, Bear Stearns, JP Morgan, Goldman Sachs und Morgan Stanley mit extrem wenig Eigenkapital hantierten und durch die Krise in existenzielle Gefahr gerieten, hat noch einen anderen, sehr unschönen Hintergrund.

Als er noch nicht Finanzminister, sondern Chef der Investmentbank Goldman Sachs war, hatte Hank Paulson eine erfolgreiche Kampagne geleitet, die dazu führte, dass die Aufsichtsbehörde SEC die „Nettokapitalregel" aufhob. Sie hatte den großen Investmentbanken ein Mindest-Eigenkapital im Verhältnis zu ihren Finanzanlagen vorgeschrieben. Nach Aufhebung der Regel durften sie selbst bestimmen, mit wie wenig Kapital sie auskommen würden. Sie meinten, rund das Hundertfache ihres Eigenkapitals investieren und mit kurzfristigen Krediten finanzieren zu können. Denn je größer das Rad, das man dreht, desto größer ist nicht nur das Risiko, sondern auch die Rendite auf das Eigenkapital.

Beispiel:

 Wenn eine Bank 10 Mrd. EUR Eigenkapital hat und 1 Mrd. EUR Gewinn erzielt, dann ist die Eigenkapitalrendite 10 %. Wenn bei gleichem Gewinn das Eigenkapital nur 5 Mrd. EUR beträgt, liegt die Eigenkapitalrendite bei 20 %.

Das brachte hohe Gewinne ein, solange die Banken leicht an billigen kurzfristigen Kredit herankamen. Als aber erste Zweifel an der Solidität der Banken aufkamen, kehrte sich der Spieß sofort um. Banken mit derart überdehnten Bilanzen hatten keine Chance mehr, zu vernünftigen Bedingungen neue kurzfristige Mittel zu erhalten, um die laufend fällig werdenden alten Kurzfristkredite zu begleichen. Deshalb mussten sie alles verkaufen, was sich verkaufen ließ. Dadurch fielen die Preise vieler Wertpapiere in den Keller, was den Banken weitere Verluste bescherte.

In Zusammenhang mit der Aufgabe der Mindestkapitalregelung für Investmentbanken ermöglichte es die amerikanische Wertpapieraufsichtsbehörde SEC den Investmentbanken, sich gemeinsam mit all ihren internationalen Töchtern von der SEC beaufsichtigen zu lassen. Die SEC bewegte die Partnerländer, dieser Regelung zuzustimmen, indem sie ihnen eine rigorose Aufsicht versprach. Diese Kontrolle fand aber nie statt.

Beispiel:

 Für die Aufsicht über Lehman Brothers und die anderen weltweit tätigen Investmentbanken mit Sitz in den USA, die zusammen 4 Billionen Dollar kontrollierten, beschäftigte die Aufsichtsbehörde SEC sieben Leute. Unter Christopher Cox, der 2005 an die Spitze der SEC berufen wurde, führte die Behörde bis zum Ausbruch der Krise Mitte 2007 keine einzige Prüfung einer Investmentbank durch. Cox schloss sogar das Büro für Risikoüberwachung bei der SEC.

Weil sie nicht kontrolliert wurden, konnten diese Banken so viele Risiken eingehen und ein so großes Rad drehen, wie sie wollten. Damit konnten sie in London, Frankfurt und anderenorts viel Geschäft an sich ziehen. Die Londoner Tochter der Investmentbank Lehman Brothers sollte später eine Schlüsselrolle beim Konkurs des Konzerns einnehmen, der im September 2008 zu einer Finanzmarktkatastrophe führte. Dieser Konkurs gab den Anstoß für ein beispielloses staatliches Rettungsprogramm zugunsten der Banken, weil sonst das ganze hoffnungslos überdehnte Bankensystem zusammengebrochen wäre. Das Kalkül der Investmentbanken ging auf:

Sie konnten lange Zeit riesige Gewinne einfahren – die späteren Verluste trug der Steuerzahler.

Nichts gelernt, wenig verbessert

Bankmanager, die es nicht schon vorher wussten, wissen spätestens seit den Bankenrettung en von 2008/2009, dass man möglichst groß sein muss sowie möglichst komplizierte und riskante Geschäfte eingehen sollte, um sicher zu sein, dass man vom Staat gerettet wird, wenn etwas schiefgeht. Eine kleine Volksbank, die die Unternehmen ihrer Region mit Kredit versorgt, kann sich darauf nicht verlassen, eine Deutsche Bank oder Goldman Sachs schon.

Doch zweifellos haben die Regierungen und die Bankenregulierer ebenfalls dazugelernt und sorgen nun dafür, dass so etwas nicht wieder vorkommt – sollte man meinen. Die Realität sieht jedoch anders aus.

Die internationalen Regulierer haben neue Regeln ersonnen, genannt *Basel III*, die dafür sorgen sollen, dass die Banken mehr Kapital vorhalten, um Verluste decken zu können, und mehr flüssige Mittel bereithalten, um ihren Zahlungsverpflichtungen jederzeit nachkommen zu können. Neu ist die Mindestliquidität im Verhältnis zur Bilanzsumme. Die Aufseher haben sie vorläufig mit 3 % festgelegt. Das ist genau das Verhältnis, das die US-Banken 2007, bevor die Krise ausbrach, aufwiesen. Es bedeutet, dass die Banken sich mit dem 33-fachen ihrer flüssigen Mittel verschulden können. Die meisten Banken halten von selbst mehr flüssige Mittel vor, wie das Deutsche Institut für Wirtschaftsforschung (DIW 2011) festgestellt hat.

> Die wichtigsten Ursachen der Finanzkrise ab 2008 sind auch Jahre später noch nicht angegangen worden. Die Macht der Rating-Agenturen ist ungebrochen. Wer welche Finanzderivate verkauft und wer sie hält, weiß keiner. Die Banken werden immer größer, ihre Kapitalausstattung ist weiterhin bescheiden und sie dürfen immer noch ein viel zu hohes Volumen an kurzfristigen Krediten aufnehmen.

Beispiel:

 Die Rating-Agentur Standard & Poor's, die der US-Regierung im August 2011 die Top-Bonitätsnote aberkannte, gab nach einer Analyse der Nachrichtenagentur Bloomberg 2011 verbrieften Subprime-Krediten im Volumen von 36 Mrd. Dollar die Bestnote AAA. Was die Finanzmärkte von diesen Noten hielten, konnte man leicht daran erkennen, dass diese AAA-Verbriefungspapiere teilweise dreimal so hohe Renditen abwarfen wie die Anleihen der US-Regierung (siehe Faux, Shen 2011).

Was die Eigenkapitalausstattung angeht, so wurden die Anforderungen an die Qualität und Menge des Eigenkapitals deutlich erhöht. Doch diese Regeln beziehen sich nur auf einen kleinen Teil der Bilanzsumme einer Bank, in Deutschland etwa auf ein Viertel, wie das DIW errechnet hat. Das liegt daran, dass nur die „risikogewichteten" Vermögenswerte zugrunde gelegt werden. Bei vielen Anlageformen, die die Regulierer für relativ sicher halten, wird nur die Hälfte, ein Fünftel oder gar null Prozent des tatsächlichen Wertes angesetzt und ist mit Eigenkapital zu unterlegen.

So ist es denn kein Wunder, dass die Tendenz zu immer größeren und gefährlicheren Banken trotz der Krise ungebrochen anhält. In den USA nahm die Gesamtzahl der Banken ab, die Zahl der größeren Banken mit einer Bilanzsumme von mindestens 300 Mio. Dollar aber deutlich zu. Die Notenbank subventionierte die ohnehin schon zu großen Megabanken, damit sie Konkurrenten, die in Schwierigkeiten geraten waren, schlucken konnten. In Deutschland sank sowohl die Zahl der Banken als auch die der Großbanken leicht. Die durchschnittliche Bilanzsumme der Großbanken stieg aber weiter.

Gibt es eine Alternative zu unserem Geldsystem?

Unser Geldsystem, das für die Banken so einträglich ist, führt zu einem laufenden Anstieg der Verschuldung von Haushalten, Unternehmen und Staat. Das macht die Wirtschaft krisenanfällig. Gleichzeitig sind die Banken, weil sie nur einen Bruchteil der Einlagen ihrer Kunden wirklich auszahlen können und nur einen Bruchteil ihrer Verbindlichkeiten ablösen können, immer anfällig für einen plötzlichen Vertrauensverlust, der dann das ganze Bankensystem in Gefahr bringt und den Staat immer wieder zwingt, mit großen Summen an Steuergeldern einzuspringen.

Die Anfälligkeit für Finanzkrisen rührt v.a. daher, dass die Banken Kredite in Form von Buchgeld ausreichen, das sie selbst geschaffen haben, für das die Kunden aber jederzeit Bargeld verlangen können. Die Stabilität des Systems ist davon abhängig, dass die Kunden ihr Geld nicht aus dem Bankensystem abziehen. Geschieht das aus irgendeinem Grunde doch, müssen die Banken ihre Kreditgewährung auf

einmal stark zurückfahren. Denn jeder Kredit, den sie gewähren, bringt – v. a. in Krisenzeiten – einen gewissen Bargeld-
abfluss mit sich. Stockt die Kreditvergabe der Banken, entsteht eine sog. Kreditklemme. Dann hat die Wirtschaft
plötzlich viel weniger Geld zur Verfügung. Jeder versucht
sein Geld zusammenzuhalten; es wird weniger ausgegeben.
Die Wirtschaft schrumpft, die Arbeitslosigkeit steigt.

Weil eine Kreditklemme oder gar ein Zusammenbruch des
Bankensystems sehr schwerwiegende Folgen für die gesamte
Wirtschaft haben, helfen Zentralbank oder Finanzministerium
den Banken fast immer, wenn sie in Gefahr geraten oder die
Wirtschaft unter ihrer Kreditzurückhaltung leidet. Das kann
für den Steuerzahler sehr teuer sein. Die Banken streichen
also den Gewinn aus der Geldschöpfung ein und bekommen
dafür vom Staat sogar noch eine kostenlose Versicherung. Die
folgende Abbildung skizziert das derzeitige Geldsystem, bei
dem das meiste Geld von den Geschäftsbanken durch Kreditvergabe geschaffen wird und diese den größten Teil des
Geldschöpfungsgewinns in Form von Zinsen einstreichen.

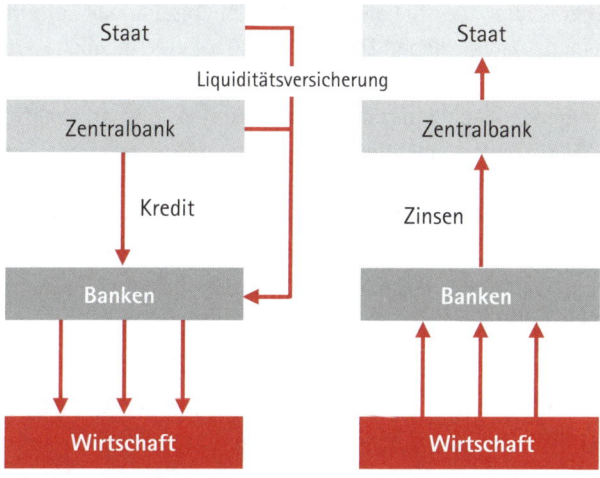

Das heutige Geldsystem

Zu diesem System gibt es eine recht leicht zu verwirklichende Alternative, die aber für die Banken deutlich weniger einträglich wäre. Vermutlich ist das der Hauptgrund, warum sie nicht ernsthaft erwogen wird. Denn der Einfluss der Finanzbranche auf Politik und Wissenschaft ist sehr groß. Der *100 %-Geld* oder *Vollgeld* genannte Vorschlag wurde in den 1930er-Jahren von Irving Fisher und Henry C. Simons, zwei der damals weltweit renommiertesten Ökonomen, entwickelt.

Vollgeld oder **100 %-Geld** ist ein Geldwesen, in dem die Banken 100 % der bei ihnen deponierten Einlagen durch Bargeld oder Guthaben bei der Notenbank decken müssen, nicht nur 10 % wie in den USA oder 2 % wie im Euroraum. Sie können dann nicht mehr selbst Geld aus dem Nichts schöpfen. Das kann in diesem System nur die Zentralbank.

In einem Gutachten für die britische Kommission zur Reform des Finanzsystems haben Dyson u.a. (2010) eine mögliche Art der Umsetzung beschrieben. In diesem Vollgeldsystem, das in der folgenden Abbildung schematisch dargestellt ist, schafft allein die Zentralbank neues Geld und bringt es über die Banken in Umlauf. Der Staat muss die Banken nicht (kostenlos) versichern, weil eine Bankenpleite keine große Gefahr mehr darstellt. Er erhält aber einen viel höheren Notenbankgewinn, weil die Zentralbank das, was die Banken nicht mehr an Geld schöpfen, durch erhöhte eigene Geldschöpfung wettmacht.

In diesem System ist der Zahlungsverkehr von der Geldanlage getrennt. Das Geld auf Girokonten und ähnlichen Konten, über die man den Zahlungsverkehr abwickeln, also seine Rechnungen bezahlen kann, bleibt Eigentum des Kunden. Die Bank kann nicht darüber verfügen. (Derzeit ist es so, dass alles Geld, das der Kunde auf ein Konto bei der Bank einzahlt, in das Eigentum der Bank übergeht. Rechtlich, und oft ohne es zu wissen, gibt der Kunde der Bank einen Kredit.)

Die Bank zahlt das Geld des Kunden in ein Konto bei der Zentralbank ein und erhält dafür ein jederzeit in Bargeld umtauschbares Guthaben. Ohne ein entsprechendes Guthaben bei der Zentralbank kann die Bank niemandem ein Guthaben auf einem Zahlungsverkehrskonto einräumen. Letztlich ist das so, als ob die Bank Bargeld in Höhe der Guthaben ihrer Kunden im Tresor liegen hätte, nur dass diese Lösung wegen der erforderlichen Sicherheitsvorkehrungen teurer wäre.

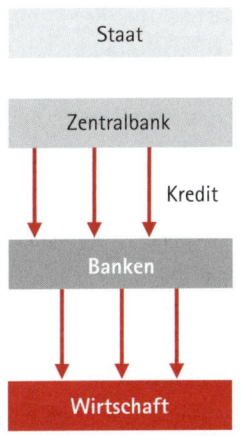
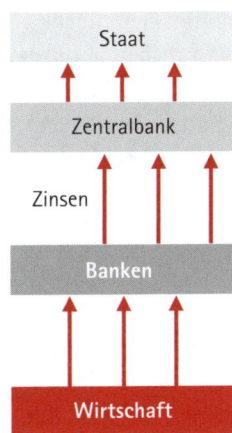

Ein alternatives Geldsystem

Ersparnisse, die nicht dem Zahlungsverkehr dienen sollen, sondern die der Bankkunde rentierlich anlegen will, werden auf separate Investitionskonten eingezahlt. Dieses Geld kann die Bank an Kreditkunden weiterreichen. Sie wäre dann der Kreditvermittler, für die die meisten Menschen sie heute schon irrtümlich halten. Die Trennung hat zur Folge, dass die Bank kein Geld mehr schöpfen kann. Denn sie darf Kunden nur ein Guthabenkonto einrichten, wenn ihr tatsächlich Bargeld in dieser Höhe zur Verfügung steht. Um einen Kredit zu geben, kann die Bank im Vollgeldsystem drei Quellen nutzen:

- Geld, das sich die Bank von der Zentralbank leiht

- Geld, das ihr jemand anderes ausdrücklich als Kredit gegeben hat

- Eigenes Geld der Bank

Nur wenn die Zentralbank einer Geschäftsbank per Kredit ein größeres Guthaben auf dem Zentralbankkonto einräumt, entsteht neues Geld. Die Entscheidung darüber trifft aber nicht die Geschäftsbank, sondern die Zentralbank. Der Gewinn aus der Geldschöpfung fließt an die Zentralbank, nicht an die Geschäftsbank.

Ein Vorteil dieses Systems besteht darin, dass der Staat weniger Schulden machen oder Steuern eintreiben muss, wenn er einen viel größeren Geldschöpfungsgewinn als bisher einfährt. Ein weiterer großer Vorteil des Vollgeldsystems besteht darin, dass es den Zahlungsverkehr sicher macht. Keine Bankenkrise kann den Zahlungsverkehr gefährden, weil die Guthaben auf Girokonten sicher bei der Zentralbank hinterlegt sind. Dadurch haben Bankkunden eine Möglichkeit, ihr Geld absolut sicher, wenn auch ohne Zinseinnahmen, anzulegen. Es ist dann nicht mehr nötig, fast jede Bank zu retten, damit das Bankensystem und der Zahlungsverkehr funktionieren.

> Wenn die Banken durch ihre Kreditvergabe kein Geld mehr schöpfen können, wird das Finanzsystem stabiler, die konjunkturellen Schwankungen nehmen ab und der Staat nimmt mehr ein. Die Gewinne der Banken würden dadurch deutlich schrumpfen.

Eine Abwandlung des Vollgeldsystems sieht so aus (siehe die folgende Abbildung): Die Zentralbank überweist das Geld, das sie laufend zusätzlich in Umlauf bringt, (zinslos) an den Staat. Der Staat bezahlt damit Gehälter und Leistungen und bringt es so in Umlauf.

Anstatt über den Zins, den die Banken der Zentralbank bezahlen, profitiert der Staat in dieser Variante direkt davon, dass er das neue Geld ausgeben kann. Natürlich ist auch in diesem System hohe Transparenz erforderlich, ebenso wie es Regeln dafür geben muss, wie viel neues Geld die Zentralbank dem Staat jedes Jahr überweisen darf.

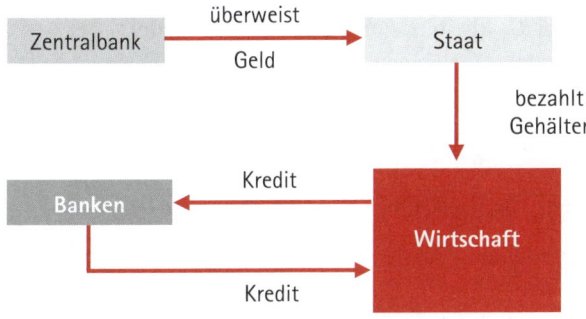

Variante des Vollgeldsystems

Sind Staatsschulden verwerflich?

Schulden zu machen gilt in Deutschland als Untugend. Als moralisch unbedenklich gilt allenfalls, damit etwas Wichtiges und Solides wie ein Eigenheim zu finanzieren. Deshalb ist die Sparquote der privaten Haushalte in Deutschland im internationalen Vergleich sehr hoch. Das hat einiges für sich.

Doch unser Geld- und Wirtschaftssystem beruht darauf, dass Schulden gemacht werden. Denn unser Geld wird, wie wir gesehen haben, zum ganz überwiegenden Teil dadurch geschaffen, dass sich jemand bei der Bank verschuldet und diese ihm dafür ein Guthaben einräumt, mit dem er seine Rechnungen bezahlen kann.

Aber es gibt ja noch den Staat und die Unternehmen. Für beide ist Verschuldung der absolute Normalfall. Unternehmen, die ohne Fremdkapital arbeiten, sind Exoten. Es gibt nur wenige, die es skandalös finden, dass Unternehmen mit Fremdkapital arbeiten. Beim Staat ist das anders. Der setzt nach Meinung vieler den Wohlstand der Nation aufs Spiel, wenn er Schulden macht. Sind Staatsschulden also verwerflich?

Staatsschulden sind eine Anlageklasse

Anderer Meinung könnten diejenigen sein, die die vielen Staatsanleihen halten. Diese gelten als die sicherste verfügbare Geldanlage, die noch Zinsen abwirft. (Warum das für manche europäische Länder nicht mehr gilt, werden wir später noch sehen.) Würde der Staat sich nicht verschulden, so würde den sicherheitsbewussten Investoren eine wichtige Anlagemöglichkeit fehlen. Als relativ sicher gelten Staatsschuldtitel v.a. deshalb, weil der Staat so mächtig ist. Wenn der Staat unter Geldnot leidet, kann er die Steuern erhöhen. Genügt das nicht oder möchte er diesen Weg nicht gehen, kann er die Zentralbank bitten (oder auf deren Bereitschaft hoffen), Staatsanleihen mit neuem Geld aufzukaufen, wie das die amerikanische und die britische Notenbank ab 2009 in sehr großem Umfang, die Europäische Zentralbank ab 2010 in etwas geringerem Umfang taten. Zentralbanken kaufen die

Papiere dem Staat zwar nicht direkt ab, weil das als „Staats-
finanzierung mit der Notenpresse" verpönt oder verboten ist.
Aber wenn sie die Papiere den Banken abkaufen und diese
damit rechnen können, kommt es mehr oder minder auf
dasselbe heraus.

	Käufe von Staats-anleihen (Nov. 2011)	% des BIP
Europäische Zentralbank	195 Mrd. EUR	2
Bank von England	225 Mrd. £	16
US Federal Reserve	1.650 Mrd. $	12

Staatsanleihenkäufe von Zentralbanken im Vergleich

Beispiel:

 Im Januar 2011 überholte die US-Notenbank Federal Reserve mit
einem Bestand von gut 1.100 Mrd. Dollar China als größten
Halter von US-Staatsschuldtiteln. Bis Juni 2011 stieg der Bestand
der Federal Reserve auf etwa 1.600 Mrd. Dollar. Damit zahlte die
US-Regierung die Zinsen für gut ein Zehntel der Staatsschuld
letztlich an sich selbst.

Stärker bankrottgefährdet sind Staatsschuldtitel, wenn der
Staat in hohem Maße in Fremdwährung im Ausland verschuldet ist oder wenn er keine eigene Zentralbank besitzt, wie das
bei den Mitgliedsländern der Europäischen Währungsunion
der Fall ist.

Wenn ein Staat eine eigene Zentralbank hat und v.a. bei
seinen eigenen Bürgern in einheimischer Währung verschuldet ist, dann besteht das Hauptrisiko für die Gläubiger darin,
dass der Staat den Wert seiner Schulden durch starke Geld-

mengenausdehnung weginflationiert. Das geschieht in einigermaßen wohlhabenden funktionierenden Demokratien sehr selten, kam aber in der Vergangenheit doch gelegentlich vor. In aller Regel ist der Grund ein verlorener Krieg.

Beispiel:

 Auf dem Gipfel der deutschen Hyperinflation nach dem Ersten Weltkrieg vervierfachten sich die Preise jede Woche. Vor der Währungsreform 1923 kostete ein Dollar 4,2 Billionen Reichsmark. Die weltweit bisher höchste Inflationsrate erreichte Ungarn unmittelbar nach dem Zweiten Weltkrieg. Die Preise vervierfachten sich damals jeden Tag.

Lässt man einmal den Fall des verlorenen Krieges beiseite, bei dem ohnehin fast alle verlieren, dann ist das Vertrauen der Bürger in den Staat als Schuldner i.d.R. gerechtfertigt.

Aus Schulden wird Geld

Es bleibt jedoch der Einwand, dass der Staat sich auf Kosten unserer Kinder und Kindeskinder verschulde, weil diese später höhere Steuern zahlen müssten, um die Staatsschuld zurückzuzahlen. Das stimmt tatsächlich. Wenn der Staat seine Schuld zurückzahlen würde, dann würden diejenigen, die zu diesem Zeitpunkt Steuern zahlen, stark belastet. Allerdings zahlt der Staat zwar seine einzelnen Schuldtitel zurück, aber fast nie seine Schulden. Er ersetzt vielmehr auslaufende Schuldenpapiere durch neue und sorgt so dafür, dass den Anlegern die Investitionsmöglichkeit in Staatsschuldtitel erhalten bleibt und die Steuerzahler nicht übermäßig belastet werden. Der seltene Fall, dass der Staat seine Schulden reduziert, tritt nur ein, wenn die Wirtschaft besonders gut läuft, die Steuereinnahmen sprudeln und die Ausgaben für Sozialhilfe, Arbeitslosenunterstützung und Ähnliches besonders niedrig sind.

Wenn sich weder der Staat noch die privaten Haushalte verschulden würden, dann müssten sich die Unternehmen umso mehr verschulden, damit das für eine wachsende und gedeihende Wirtschaft benötigte Geld überhaupt entsteht und damit Sparer die Möglichkeit haben, ihr Geld anzulegen. (Im oben skizzierten Vollgeldsystem wäre das anders, dieses könnte ohne oder mit deutlich geringerer Staatsschuld auskommen.) Eine deutlich höhere Verschuldung der Unternehmen würde deren Anfälligkeit für Konkurse erhöhen. Denn wenn die Geschäfte einmal schlecht liefen, hätten sie deutlich weniger Möglichkeiten als der Staat, die Durststrecke zu überwinden. Viele würden pleitegehen, mit der Folge, dass sich die Krise immer weiter verschärft.

Genau diese Anfälligkeit der privaten Wirtschaft für Abwärtsspiralen ist es, die Staatsschulden zu einem wichtigen Element der Wirtschaftspolitik macht. „Wirtschaft ist zur Hälfte Psychologie", heißt es völlig zu Recht. Wenn in einem auf Schulden beruhenden Geldwesen plötzlich viele das Vertrauen verlieren und ihre Schulden abbauen wollen, dann sind die Auswirkungen fatal. Sparen alle gleichzeitig, so entsteht ein negativer Effekt: Die Menschen schränken sich zwar ein, haben aber nichts davon – im Gegenteil, sie werden immer ärmer. Die folgende Abbildung stellt die Effekte schematisch dar. Der Staat ist der einzige Akteur, dessen Taschen tief genug sind, um sich diesem Verliererspiel verweigern zu

können. Wenn alle anderen sparen, kann er Schulden auf-
nehmen, die niemand mehr haben will, und so dafür sorgen,
dass die Wirtschaft nicht in eine Abwärtsspirale gerät.

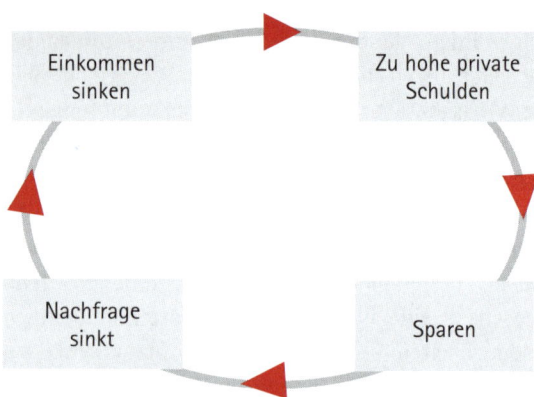

Wenn alle gleichzeitig sparen, scheitert der Schuldenabbau

Grenzen der Verschuldung

Problematisch wird die Staatsschuld immer dann, wenn sie
nachhaltig stärker steigt als die Wirtschaftsleistung. Das geht
lange Zeit gut, aber nicht ewig. In diesem Fall ist die Schuldenaufnahme mit der Notwendigkeit verknüpft, die Schuld
später wieder zurückzuführen oder zumindest dafür zu sorgen, dass sie nicht mehr stärker wächst als die Wirtschaft. Das
Umschalten von einer Schuldenzunahme, die die Wirtschaft
antreibt, auf Schuldenrückführung oder konstante Schulden
ist ein schmerzlicher Prozess, wenn einem nicht zufällig
gerade ein Wirtschaftsboom zur Hilfe kommt. Staatliches

Sparen bremst die Wirtschaft, erhöht die Arbeitslosigkeit, sorgt für sinkende Einnahmen sowie höhere Ausgaben und erschwert damit die Rückführung der Schuldenexpansion noch weiter.

Das ist allerdings keine Besonderheit von Staatsschulden; es gilt für Schulden allgemein. Wenn die Schuldenaufnahme in der Volkswirtschaft insgesamt stärker zunimmt als die Wirtschaftsleistung, dann steuert die Volkswirtschaft auf den Zustand der Überschuldung zu. Der Prozess der Schuldenansammlung kippt dann um und die Verschuldeten wollen ihre Schulden abbauen. Wie bei Haushalten und Unternehmen gilt auch für den Staat, dass nicht die Schulden an sich eine Belastung für zukünftige Generationen darstellen, sondern Schulden, die nachhaltig stärker steigen als die Wirtschaftsleistung.

Die Zielwerte des Stabilitäts- und Wachstumspakts, der für die Staatsschulden eine Obergrenze von 60 % des Bruttoinlandsprodukts und für das jährliche Defizit einen Maximalwert von 3 % festlegt, beruhen auf dieser Sichtweise, wenn auch in einer auf den Staat verengten Variante. Unter bestimmten Annahmen über das Wirtschaftswachstum und die Inflationsrate bleibt die Staatsschuld im Verhältnis zur Wirtschaftsleistung stabil, solange diese Quoten nicht überschritten werden.

> Die einfache Formel für die Defizitquote, bei der die Schuldenquote stabil bleibt, heißt:
>
> Schuldenquote × nominales Wirtschaftswachstum / 100
>
> oder gleichbedeutend:
>
> Schuldenquote × (reales Wachstum + Inflationsrate) / 100

Beispiel:

> Wenn das Bruttoinlandsprodukt 100 beträgt und der Schulden-
> stand 60, das BIP preisbereinigt um 3 % wächst und die Inflati-
> onsrate 2 % beträgt, dann steigt die Wirtschaftsleistung in einem
> Jahr auf 105. 60 % davon sind 63. Der Staat kann also 3 % des
> BIP an neuen Schulden aufnehmen, damit die Staatsschulden-
> quote bei 60 % bleibt. Der Wert von 3 % lässt sich wie folgt
> errechnen: $60 \times (2 + 3) / 100$.

Drei Prozent Wirtschaftswachstum sind ein ambitioniertes Ziel
– meistens fällt der Wert niedriger aus. Andererseits ist zu
beachten, dass die im Stabilitätspakt festgelegte Defizitquote
von 3 % kein Richtwert ist, sondern eine Obergrenze, bei deren
Überschreitung Strafen drohen. Zielwert laut Pakt ist ein Defizit
von nahe null, was bedeuten würde, dass die Staatsschulden-
quote immer weiter abnimmt. Der Pakt beruht also auf der
falschen Annahme, dass Staatsschulden etwas Schlechtes
seien und immer weiter abgebaut werden sollten, am besten
bis auf null. Besonders stark wirkt der vom Pakt ausgehende
Sparzwang auf Länder, die zunächst eine höhere Schuldenquote aufweisen. Ihnen mutet der Pakt eine besonders schnelle
Rückführung der Schuldenquote zu. Das belastet die Wirtschaft
und die Bürger beträchtlich, da sie über längere Zeit hinweg
deutlich weniger vom Staat bekommen, als sie ihm abgeben.

Beispiel:

> Wenn das Bruttoinlandsprodukt 100 beträgt und der Schulden-
> stand 100, ist unter den sonstigen Annahmen wie oben ein
> Defizit von $100 \times (3 + 2) / 100 = 5 \%$ mit einer stabilen
> Schuldenquote vereinbar. Ein Defizit von null bedeutet, dass der
> Wirtschaft jedes Jahr Kaufkraft im Volumen von 5 % der Wirt-
> schaftsleistung entzogen wird.

Ein Verschuldungsniveau, ab dem eine Regierung als überschuldet gelten kann, lässt sich nicht angeben, wie die folgende Tabelle zeigt. Die japanische Regierung hatte Ende 2010
nach Angaben des Internationalen Währungsfonds Schulden
von mehr als 220 % des Bruttoinlandsprodukts. Dennoch kann
sie ihre Anleihen mit einem mageren Renditeversprechen von
rund 1 % problemlos absetzen (inflationsbereinigt beträgt die
Rendite wegen der sinkenden Preise rund 3 %.)

Land	Staatsschulden-quote*	Rendite von Staats-anleihen mit 10jähriger Laufzeit**
Japan	233 %	0,9 %
Italien	121 %	6,8 %
USA	100 %	2,0 %
Deutschland	83 %	1,9 %
Spanien	67 %	6,5 %

* im Verhältnis zum BIP, ** Nov. 2011

Verschuldung und Rendite von Staatsanleihen im Vergleich

In den USA stieg die Staatsverschuldung im Gefolge der
Rezession von 2008/2009 sehr stark an und erreichte im
November 2011 100 % des Bruttoinlandsprodukts. Verschär-
fend hinzu kam der Umstand, dass die mächtige Rating-Agen-
tur Standard & Poor's der US-Regierung die Bestnote für ihre
Kreditwürdigkeit entzog. Trotzdem sank die Rendite für
Staatsanleihen mit zehnjähriger Laufzeit 2011 massiv, zeit-
weise bis auf deutlich unter 2 %.

Staatsschulden sind eine wichtige Anlageklasse für auf Sicherheit bedachte Investoren. Da unser Geldsystem auf Schulden basiert, muss sich jemand anderes verschulden, wenn der Staat es nicht tut. Indem er in Zeiten des Wirtschaftsabschwungs mehr, im Aufschwung weniger Schulden aufnimmt, kann der Staat Wirtschaftsschwankungen ausgleichen. Zum Problem werden Staatsschulden nur, wenn sie nachhaltig stärker steigen als die Wirtschaftsleistung. Länder ohne eigene Zentralbank sind allerdings anfällig für Spekulationsattacken, wenn sie eine hohe Verschuldung haben.

Müssen wir mehr privat vorsorgen?

Die deutsche Bevölkerung altert, ebenso wie die der meisten anderen Industrieländer. Selbst die chinesische Bevölkerung altert aufgrund der erfolgreichen Maßnahmen zur Eindämmung des Bevölkerungswachstums recht schnell. Wenn es immer mehr Ältere in einer Bevölkerung gibt und immer weniger jüngere Menschen nachkommen, dann stößt ein *umlagefinanziertes System* der Rentenversicherung rasch an seine Grenzen.

Bei einer Rente nach dem **Umlagensystem (umlagefinanzierte Rente)** bezahlen immer die gerade Aktiven die Renten der aus dem Arbeitsleben bereits Ausgeschiedenen. Das eingenommene Geld wird, abgesehen von einem Puffer, nicht angelegt, sondern direkt an die Rentner weitergeleitet.

Im Jahr 1960 kam auf zehn Beitragszahler ein Rentner; im Jahr 2020 wird sich das Verhältnis nach heutiger Schätzung auf drei zu eins reduziert hat. Drei Arbeitnehmer müssen dann mit ihren Beiträgen drei Rentenbezieher finanzieren.

In der Politik wird argumentiert, dies sei auf Dauer nicht möglich. Deshalb lautet die Strategie über Parteigrenzen hinweg, das Rentenniveau in der gesetzlichen Rente abzusenken und die Menschen mit guten Worten und Subventionen dazu zu animieren, außerhalb des normalen Rentensystems für das Alter zu sparen. Folgerichtig wurde Anfang des Jahrtausends das Rentenniveau von 70 % auf 67 % des letzten Einkommens abgesenkt und gleichzeitig die Riester-Rente eingeführt. Diese ist eine von den Banken und Versicherungen angebotene zusätzliche Rentenversicherung, die der Staat mit einem Zuschuss zu den Beiträgen belohnt. Die Finanzinstitute legen das Geld an und bilden damit einen Kapitalstock. Aus diesem wird später die Zusatzrente bezahlt, daher ist die Riester-Rente eine sog. *kapitalgedeckte Rente*.

> **Kapitalgedeckte Rentensysteme** beruhen darauf, dass die Aktiven mit ihren Beiträgen ein Guthaben ansammeln. Die gesparten Mittel werden am Kapitalmarkt angelegt und aus dem Kapitalstock und den Zinserträgen oder Wertsteigerungen der Wertpapiere später die Rente bezahlt. Die Höhe dieser Rente hängt von der Zinsentwicklung und der Wertentwicklung der Wertpapiere ab.

Diese vordergründig überzeugende Strategie zur Überwindung der finanziellen Probleme, die mit der Bevölkerungsalterung einhergehen, weist bei genauerer Betrachtung einen Denkfehler und unschöne Nebenwirkungen auf.

Nur was produziert wird, kann verteilt werden

Der Denkfehler besteht darin, dass ein kapitalgedecktes Rentensystem grundsätzlich auf die gleichen Probleme wie ein umlagefinanziertes System stößt, wenn die Bevölkerung altert. Das ist für viele nicht ohne Weiteres einsichtig, unter Fachleuten aber nahezu unstrittig. Selbst die Wirtschaftsforschungsabteilung der Deutschen Bank, DB Research, räumt in einer Jubel-Studie für die private Vorsorge (Bräuninger 2010) unumwunden ein: „Zugegeben, auch bei einer kapitalgedeckten Privatversicherung muss die jeweils aktive Generation das erwirtschaften, was die Rentnergeneration an Auszahlungen in Anspruch nimmt."

Um das zu verstehen, stelle man sich vor, es gäbe keine staatliche Rente, sondern nur kapitalgedeckte private Rentenversicherungen, wie etwa in Chile. Was passiert, wenn die Anzahl der Erwerbstätigen stark sinkt und die der Rentner stark steigt? Lassen wir einmal den internationalen Handel beiseite, sodass die Bevölkerung nur verbrauchen kann, was sie produziert. Wir bewegen uns jetzt also nicht in der Geldsphäre, sondern in der realen Sphäre der Güter und Leistungen, die wir uns davon kaufen können und auf die es letztlich ankommt.

Geld kann man lagern, aber nicht essen

Wir können zwar Geld problemlos aufbewahren, aber das nützt uns nicht viel, weil man Geld nicht essen kann. Es gibt nicht viele nützliche Güter, die man zehn Jahre oder mehr auf

Vorrat produzieren kann, ohne dass sie ihren Wert verlieren. Wenn es also heute viele Erwerbstätige gibt und viel produziert wird, können (und müssen) wir heute viel verbrauchen. Wenn es später wenige Erwerbstätige gibt, die entsprechend weniger produzieren, können wir weniger verbrauchen. Entweder die Arbeitenden oder die Rentner müssen ihr Konsumniveau senken; wahrscheinlich tun es beide. Dieses Problem besteht sowohl im Umlageverfahren wie auch im kapitalgedeckten Verfahren.

Im kapitalgedeckten Verfahren haben die Rentner einen hohen Kapitalstock angespart, der z.B. in Aktien der deutschen Unternehmen angelegt ist. Von den Dividenden, also ihrem Anteil am Gewinn der Unternehmen, wollen sie als Rentner leben. Wenn die Dividenden von der Bevölkerungsalterung unbeeinflusst blieben, wäre alles in Ordnung. Doch wenn weniger produziert wird, dann gibt es auch weniger auszuschütten. Entweder verschwinden manche Unternehmen vom Markt oder die bestehenden Unternehmen schrumpfen.

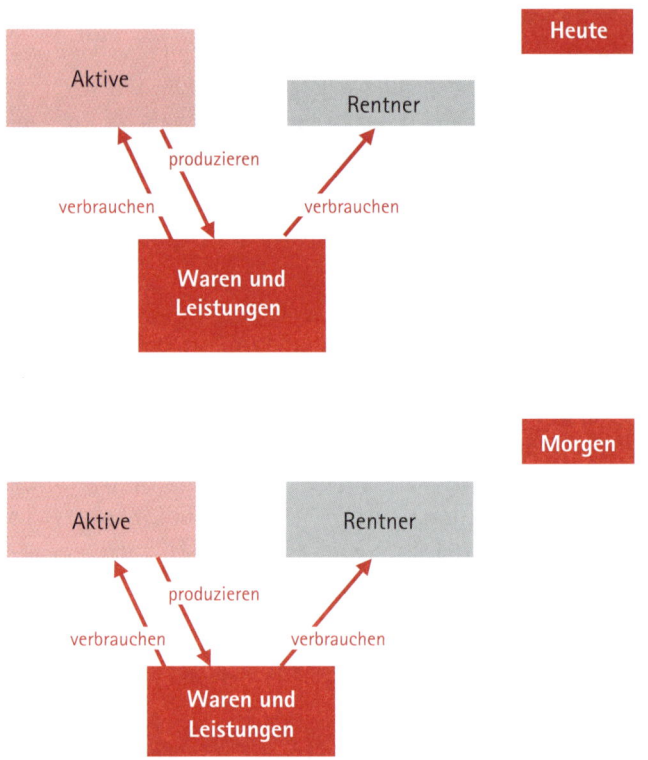

Weniger Aktive, weniger zu verteilen

Internationaler Handel löst das Problem nicht

Ohne Außenhandel stehen also umlagefinanziertes und kapitalgedecktes Rentensystem vor demselben Problem. Und auch der Außenhandel rettet das kapitalgedeckte Rentensystem nicht zuverlässig vor den Folgen einer alternden Gesellschaft.

Die Finanzinstitute, die die privaten Rentenversicherungen anbieten, können zwar einen Teil des Kapitalstocks im Ausland anlegen, wo die Bevölkerung nicht altert. Wenn dann die geburtenstarken Jahrgänge in Rente gehen, können sie das Geld zurückholen und die Rentner können damit Waren bezahlen, die aus dem Ausland importiert wurden – sollte man meinen.

Doch damit das funktioniert, müssen zwei Bedingungen erfüllt sein:

- Es muss große internationale Handelspartner geben, die nicht das gleiche Alterungsproblem haben.
- Die Wechselkurse müssen mitspielen.

Schon die erste Bedingung ist nicht erfüllt. Die Weltbevölkerung insgesamt altert, nicht nur die deutsche. Die einzige Weltregion, in der die erwerbsfähige Bevölkerung noch stark wächst, ist Afrika. Diese Region ist aber so arm, dass sie auf absehbare Zeit kaum zu einem Netto-Exporteur so großen Umfangs wird, wie es nötig wäre, um das Alterungsproblem in Deutschland und den anderen Industrieländern zu lösen.

Die Wechselkurse spielen ebenfalls nicht zuverlässig mit. Um Vermögen im Ausland aufzubauen, auf das wir später zurückgreifen können, müssen wir heute mehr exportieren als importieren. Dann können wir später entsprechend mehr importieren, als wir exportieren, und so die geschrumpfte Menge an selbst produzierten Waren und Leistungen aufstocken. Doch wenn wir beginnen, mehr zu exportieren, müssen die Ausländer immer mehr Dollar, Pfund, Yen oder Yuan in Euro tauschen, um die deutschen Waren zu bezahlen. Dadurch steigt bei freien Wechselkursen der Preis des Euro; der Wechselkurs der anderen Währungen sinkt entsprechend. Das macht die gegenwärtige Generation reicher, weil Importwaren billiger werden. Es macht aber auch unsere Waren für Ausländer teurer und behindert dadurch eine weitere Ausweitung des Außenhandelsüberschusses.

Wenn wir später mehr importieren möchten als exportieren, weil die vielen Rentner versorgt sein wollen, tritt der umgekehrte Fall ein: Wir müssen unsere Euro in ausländische Währung eintauschen, mit denen wir die Importwaren bezahlen. Dies treibt den Preis der ausländischen Währungen nach oben, den des Euro entsprechend nach unten. Das macht die künftige Generation ärmer, weil Importwaren teurer werden, und behindert zusätzlich den Konsumausgleich über die Zeit.

Es passiert also Folgendes: Wir wollen heute, wo es uns noch besser geht, weniger konsumieren, indem wir einen Teil des verfügbaren Volumens an Waren und Leistungen exportieren, um die spätere, kleinere Menge aufzustocken. Doch die Wechselkursänderung sorgt dafür, dass die Menge, die wir heute konsumieren können, wieder ansteigt, und vereitelt so den Konsumverzicht. In der Zukunft lässt die umgekehrte Wechselkursänderung den Kuchen schrumpfen und vereitelt so die beabsichtigte Aufstockung.

Sonderfall Währungsunion

Innerhalb der Europäischen Währungsunion tritt das Wechselkursproblem nicht auf, weil ja alle Länder die gleiche Währung haben. Aber die Partnerländer haben auch das gleiche Alterungsproblem wie wir. Wenn Deutschland als größte Wirtschaftsmacht versucht, die übrigen Länder in der Währungsunion dazu zu verleiten, künftig nicht nur ihre eigene Rentnergeneration zu versorgen, sondern auch noch die deutsche, dann sind diese damit hoffnungslos überfordert. Das kann nur schiefgehen und in den Bankrott dieser Länder oder zum Ende der Währungsunion führen.

Weil unter Ökonomen unbestritten ist, dass sich das Alterungsproblem mit der kapitalgedeckten Rente nicht besser lösen lässt als mit der gesetzlichen Rente, führen Ökonomen, die für die kapitalgedeckte Rente eintreten, andere, oft komplizierte Argumente an. Sie überlassen es den Politikern und Policenverkäufern, das Alterungsproblem ins Feld zu führen, weil es auf den ersten Blick so schön einleuchtend ist.

Rentenbeiträge würden wie eine Steuer empfunden, lautet etwa ein Hauptargument von Bräuninger (2010). Wenn ihnen aufgrund dieser Beiträge weniger von ihrem Einkommen bliebe, arbeiteten die Menschen weniger und strengten sich weniger an. Zahlten die Menschen stattdessen in einen Topf ein, der ihnen gehört, hätten sie (fälschlicherweise) nicht das Gefühl, etwas von den Früchten ihrer Arbeit abgeben zu müssen, und strengten sich mehr an. Den Nachweis für diese Behauptung müssen ihre Vertreter allerdings noch führen.

Profiteure sind die Finanzinstitute

Allzu wahrscheinlich ist es nicht, dass die etwaigen Vorteile eines kapitalgedeckten Rentensystems für die Rentensparer ausreichen, um die hohen Gebühren und Provisionen der Finanzinstitute zu übertreffen, die bei Riester-Rentensparplänen oft höher als die staatlichen Zulagen sind. So stellte der Wirtschaftsforscher Uwe Wystup (2009) fest, dass Sparer, die rund 40.000 EUR einzahlten, dafür bei den vier verschiedenen Gesellschaften mit hohem Marktanteil, die er untersuchte, zwischen 2.257 EUR und fast 7.000 EUR an Gebühren berappten. Die Zuschüsse kommen also nicht bei den Rentensparern an, sondern werden von den Finanzinstituten abgesaugt. Anders verhielte es sich, wenn der Staat dieses Geld verwenden würde, um die Beiträge in der gesetzlichen Rentenversicherung aufzustocken. Dann wäre auch das Alterungsproblem der gesetzlichen Rentenversicherung beträchtlich gemildert.

Die hohen Prämieneinnahmen aus privater Rentenvorsorge erklären, warum Vertreter der Finanzbranche und die vielen Ökonomen, die direkt oder indirekt von dieser bezahlt werden, zu den eifrigsten Befürwortern der kapitalgedeckten Rente gehören. Dabei geht es um riesige Beträge, die durch die Finanzbranche geschleust werden könnten und ihr Gelegenheit gäben, bis zu 10 % und mehr davon für sich zu behalten, anstatt an ihr vorbei zu fließen, wie bei der umlagefinanzierten Rente.

Rente ist eine Versicherung

Ein ganz beträchtlicher Nachteil kapitalgedeckter Rentensysteme besteht darin, dass niemand weiß, wie viel Rente er später tatsächlich bekommen wird – jedenfalls dann, wenn sich die Auszahlungshöhe, wie so oft, überwiegend nach der Entwicklung der Finanzmärkte richtet. Wer während eines Aktienbooms in Rente geht, hat Glück. Wer Pech hat und seine Rente erhält, wenn gerade eine Aktienblase geplatzt ist, der bekommt vielleicht ein Drittel oder die Hälfte weniger, als er kurz vorher noch dachte. Dabei bleibt der Versicherungsgedanke der Rentenversicherung auf der Strecke. Die Schwankungen der Aktienkurse können riesig ausfallen, wie die folgende Tabelle am Beispiel des Deutschen Aktienindex (DAX) zeigt.

Zeitraum	Kursänderung DAX
März 1999 – März 2000	+ 33 %
März 2000 – März 2003	– 70 %
März 2003 – Juli 2007	+ 241 %
Juli /2007 – März 2009	– 55 %
März 2009 – Mai 2011	+ 104 %
März 1999 – Oktober 2011	– 25 %

Aktienkurse schwanken stark

Wenn man seinen Lebensstandard im Alter sichern will, ist ein Lotteriespiel das Letzte, was man braucht.

Auf einen Blick: Geld

- Das meiste Geld wird nicht von der Zentralbank geschaffen, sondern als Buchgeld von den Geschäftsbanken. Der Geldschöpfungsgewinn ermöglicht diesen hohe Renditen.

- Die Inflationsrate sollte zwischen etwa zwei und fünf Prozent liegen und möglichst wenig schwanken, damit sich die Wirtschaft gut entwickeln kann.

- Unerwartet hohe Inflation schadet v.a. Vermögensbesitzern und Gläubigern.

- Die Geldschöpfung durch die Banken treibt die Wirtschaft an und die Preise von Immobilien und Aktien nach oben, was wiederum die Geldschöpfung antreibt. Dieser Kreislauf dauert so lange, bis es irgendwann zur Krise kommt.

- Wenn die Zentralbank die gesamte Geldschöpfung übernehmen würde, wäre der Zentralbankgewinn zugunsten des Staates viel höher. Finanzkrisen würden seltener und die Banken müssten nicht jedes Mal gerettet werden.

- Staatsschulden sind eine wichtige Anlagemöglichkeit für Investoren. Problematisch sind v.a. Staatsschulden, die nachhaltig stärker steigen, als die Wirtschaft wächst.

- Durch Umstellung der Rente vom Umlageverfahren auf Kapitaldeckung kann man dem Alterungsproblem nicht beikommen. Sie dient v.a. dazu, die Gewinne der Finanzbranche zu steigern.

Weltfinanzsystem

Niemand bestreitet heute mehr, dass der Euroraum sich in einer schweren Krise befindet. Aber nur wenige verstehen wirklich, was sie herbeigeführt hat. Welche Rolle spielen Währungen und Devisenreserven im weltweiten Finanzsystem? Und wie können die nationalen Notenbanken und die Europäische Zentralbank schwerwiegende Finanzkrisen abmildern oder gar verhindern?

In diesem Kapitel erfahren Sie,

- warum der Status einer Welt-Reservewährung ein außerordentlich wertvolles Privileg ist,
- ob der Dollar Reservewährung bleiben wird,
- welche Ursachen tatsächlich für die Krise der Europäischen Währungsunion verantwortlich sind.

Wird der Dollar Leitwährung bleiben?

Die Zentralbanken weltweit halten Währungsreserven von etwas mehr als 10.000 Mrd. Dollar. Die weitaus meisten dieser Devisen liegen in Asien. Sie werden, soweit bekannt, zu rund zwei Dritteln in Dollar gehalten. (China, der weltgrößte Halter, lässt sich bei der Zusammensetzung seiner Devisenreserven nicht in die Karten blicken.)

> **Währungsreserven** oder **Devisenreserven** sind ausländische Währungen, die von der Währungsbehörde eines Landes, normalerweise der Zentralbank, gehalten werden. Sie werden überwiegend in kurz laufenden Anleihen der US-Regierung (Dollar-Reserven) oder von Ländern des Euroraums (Euro-Reserven), Japans (Yen), Großbritanniens (Pfund) und der Schweiz (Franken) angelegt. In einer weiteren Abgrenzung wird auch Gold zu den Währungsreserven gezählt.

Die Währungsreserven der meisten westlichen Staaten stammen aus Zeiten, als noch feste Wechselkurse zwischen allen wichtigen Weltwährungen bestanden. Denn damals mussten die Währungsbehörden derjenigen Länder, die mehr exportierten als importierten, die überschüssigen Währungsbeträge vom Markt nehmen, damit der Wechselkurs ihrer Währungen stabil blieb. Länder, die ihren Wechselkurs frei schwanken lassen, sammeln heute i.d.R. keine neuen Währungsreserven mehr an. Hingegen nehmen in Ländern wie China, die viel mehr exportieren als importieren und eine übermäßige Aufwertung ihrer Währung verhindern wollen, die Devisenreserven stark zu. Wie die folgende Tabelle zeigt, konzentrieren sich die Währungsreserven stark bei den aufstrebenden, exportorientierten Ländern Asiens und bei den Rohstoffexporteuren. In Asien liegen rund 60 Prozent der weltweiten Devisenreserven.

Land	Währungsreserven (ohne Gold), Stand Oktober 2011
China	3.201 Mrd. $
Japan	1.122 Mrd. $
Saudi-Arabien	502 Mrd. $
Russland	484 Mrd. $
Taiwan	390 Mrd. $
Brasilien	350 Mrd. $
Südkorea	303 Mrd. $
Indien	281 Mrd. $
Hongkong	277 Mrd. $
Schweiz	234 Mrd. $
weltweit	**10.222 Mrd. $**

Die größten Halter von Währungsreserven

Bis Ende des 20. Jhd. hatten die meisten asiatischen Schwellenländer flexible Währungen, geringe Währungsreserven und oft hohe Defizite im Außenhandel. Dann kam die Asienkrise. Das zumeist sehr kurzfristig angelegte ausländische Geld floss sehr schnell ab. Es kam zu einer schweren Wirtschaftskrise, weil die Länder plötzlich keinen Kredit mehr hatten und nur noch so viel verbrauchen konnten, wie sie auch selbst produzierten, was viel weniger war als vorher. Länder wie Thailand und Indonesien wurden zu Bittstellern beim Internationalen Währungsfonds (IWF) und mussten die harten Sparauflagen des Fonds akzeptieren, die ihre Wirtschaftskrise noch verschlimmerten und ihnen soziale Unruhen bescherten.

Reserven machen mächtig

Aus dieser Erfahrung schlossen die Asiaten, dass es viel besser sei, Gläubiger zu sein als Schuldner. Seither achten sie darauf, dass ihre Währungen nicht zu stark werden, sodass ihre Exporte billig bleiben und sie mehr exportieren können als importieren. Durch Eingriffe am Devisenmarkt häufen sie massiv Devisenreserven an. Seit 2003 haben sich so die Weltdevisenreserven von damals ca. 2.300 Mrd. Dollar mehr als vervierfacht.

Eine ökonomische Lehrbuchweisheit besagt, dass es sinnvoll ist, wenn Kapital von den entwickelten Ländern, wo es reichlich vorhanden ist, in die weniger entwickelten Länder fließt, wo es dringender gebraucht wird, weil dort noch viel investiert werden muss. Doch die Schwellenländer haben diese Regel aufgrund ihrer sehr schlechten Erfahrungen mit der Flüchtigkeit von Finanzkapital in ihr Gegenteil verkehrt. Heute geben die ärmeren Länder den reicheren in riesigem Umfang Kredit, indem sie deren Währungen kaufen und in Staatsanleihen anlegen. V.a. China ist durch seine hohen Währungsreserven sehr mächtig geworden. Die USA sind existenziell darauf angewiesen, dass China seine Exporteinnahmen in Dollar anlegt, indem es US-Staatsanleihen kauft. Nach der amerikanischen Notenbank ist China der zweitgrößte Halter von US-Staatsanleihen. Wenn China seine Staatsanleihen auf einmal auf den Markt werfen würde, würden deren Kurse einbrechen; die Renditen, die sich immer umgekehrt zu den Zinsen bewegen, würden nach oben schießen. Stark steigende Zinsen wären fatal für den hoch verschuldeten amerikanischen Staat und für die amerikanische Wirtschaft. Außerdem würde der Dollarkurs wegen des Überangebots einbrechen. Das würde zwar den Wert der chinesischen Dollar-Reserven senken, aber der chinesischen Wirtschaft zunächst wenig zusetzen.

Im September 2011 bot China den Europäern an, mit seinen Reserven Staatsanleihen der Krisenländer zu kaufen, im Austausch gegen Zugeständnisse im internationalen Handel. Man erkennt: Geld ist Macht, auch – oder gerade – in den internationalen Beziehungen.

> Die USA sind darauf angewiesen, dass China und andere Halter großer Devisenreserven diese weiterhin zu einem hohen Anteil in Dollar halten. Andernfalls hätten die USA große Schwierigkeiten, genügend Käufer für ihre Staatsanleihen zu finden. Die Zinsen, die sie bieten müssten, würden in die Höhe schießen.

Ein außerordentliches Privileg

Vertreter der Europäischen Zentralbank werden nicht müde zu betonen, dass sie die Rolle des Euro als Reservewährung nicht aktiv fördern. Wäre es anders, würde das in den USA fast wie eine Kriegserklärung aufgefasst. Denn wer will schon das Recht mit anderen teilen oder gar ganz abgeben, sich kostenlos sehr viel Geld in eigener Währung leihen zu können.

Dennoch ist der Anteil des Dollar an den Währungsreserven anderer Länder seit der Gründung der Europäischen Währungsunion langsam, aber beständig gefallen. Im Jahr 2001 waren noch 71,5 % der weltweiten Devisenreserven in US-Dollar angelegt. Ende 2010 waren es nur noch 61,4 %. Die Summe dieser Devisenreserven stieg in dieser Zeit allerdings dramatisch an, weshalb der Kapitalzustrom in die USA nicht nachließ. Der Anteil des Euro an den Devisenreserven stieg im gleichen Zeitraum von 19,2 % auf 26,3 %.

Der Vorteil, den das Land mit der Weltreservewährung genießt, ist enorm. Der französische Finanzminister Valery Giscard d'Estaing nannte ihn 1960 ein „exorbitantes Privileg", nicht ohne Empörung, weil die US-Regierung seiner Meinung nach dieses Privileg bei Bedarf wirtschaftspolitisch ausnutzte, auch zum Schaden anderer Länder. „Der Dollar ist unsere Währung, aber Euer Problem" lautet ein berühmter Ausspruch von John Conally, US-Finanzminister unter Richard Nixon.

Wenn ein Land ohne Reservewährung auf Dauer mehr importiert, als es exportiert, so sammelt es Schulden im Ausland in ausländischen Währungen an. Wenn der Schuldenberg zu hoch wird, werden die Kreditgeber misstrauisch, die Zinsen steigen, das Land muss sparen, oder es kommt irgendwann zu einer Finanz- und Wirtschaftskrise, wie z.B. in den asiatischen Schwellenländern (1997/98), Russland (1998) oder Griechenland, Portugal und Spanien (seit 2009). Die drei letztgenannten Länder bilden einen Sonderfall, denn sie haben sich in eigener Währung, dem Euro, bei den Partnerländern der Währungsunion verschuldet; dennoch sind diese Verbindlichkeiten aus ihrer Sicht vergleichbar mit Fremdwährungsschulden, weil sie Euros nicht selbst vermehren können.

Wenn dagegen die USA eine hohe Auslandsschuld anhäufen, wie seit den 1970er-Jahren geschehen, bekommen sie kein solches Problem. Wenn nötig, druckt die Zentralbank neue Dollars, um den Schuldendienst zu leisten. Das drückt den Wechselkurs des Dollar, sodass die Kreditgeber in eigener Währung weniger zurückerhalten, als sie gegeben haben. Die Auslandsschuld, die im Fall der USA fast ganz auf Dollar lautet, wird entwertet. Doch für die Amerikaner ist ein Dollar immer einen Dollar wert. Außerdem werden US-Waren preislich wettbewerbsfähiger, wenn der Dollar-Wechselkurs sinkt, sodass die Exporte steigen und die Importe sinken, was den Schuldendienst ebenfalls erleichtert.

> Ein Land mit einer internationalen Reservewährung bekommt sehr billig Kredit und genießt wirtschaftspolitisch viel größere Freiheiten als Länder, die sich in Fremdwährung verschulden müssen.

Der Euro ist als Alternative wichtig

China und andere Länder mit hohen Devisenreserven haben ein Interesse an einer funktionierenden Europäischen Währungsunion, weil ihnen ohne den Euro fast keine Alternative als der Dollar bliebe, um ihre Exporterlöse anzulegen. Diesen Ländern ist die Niedrigzinspolitik der USA, die zu einer laufenden Abwertung des Dollar führt, ein Dorn im Auge. Denn sie bekommen dadurch nicht nur sehr wenig Zinsen für ihr in Dollar angelegtes Geld, sondern müssen darüber hinaus noch mit Abwertungsverlusten rechnen. So lag von 2009 bis 2011 die Rendite von US-Staatsanleihen mit kurzer Laufzeit bei nahe null. In den zehn Jahren von September 2001 bis September 2011 hat der Dollar, gemessen an einem gewichteten Durchschnitt der Währungen der 26 wichtigsten Handelspartner der USA, fast ein Viertel an Wert verloren. Nicht nur bekam man in dieser Zeit sehr niedrige Zinsen, wenn man sein Geld dem amerikanischen Staat lieh, sondern man musste zudem noch jedes Jahr einen Wertverlust von 2,3 % in Kauf nehmen. Das schafft einiges an Unzufriedenheit.

Beispiel:

Nigerias Zentralbankpräsident Lamido Snusi rief 2011 den chinesischen Yuan zur Reservewährung aus. „Der Yuan wird bereits in den Straßen Nigerias gehandelt", sagte Sanusi nach einem Bericht der Nachrichtenagentur Reuters vom 6.9.11. China habe der nigerianischen Regierung erlaubt, Yuan für den Kauf von Anleihen in Hongkong und Shanghai zu verwenden. Das Land wolle ein Drittel seiner Devisenreserven von 33 Mrd. $ in Yuan umschichten. China erwäge, Ölimporte aus Nigeria künftig in Yuan statt in Dollar zu bezahlen.

Währungen kleiner Länder wie der Schweiz sind als Alternative kaum geeignet, weil ihre Devisenmärkte zu klein sind. Es gibt einfach nicht genug Franken, als dass große Länder einen nennenswerten Anteil ihrer Reserven darin anlegen könnten.

Beispiel:

Im Sommer 2011 kaufte alle Welt Gold und Franken, weil man weder dem Dollar noch dem Euro traute. Der Goldpreis stieg zweitweise auf ein Rekordhoch über 1.900 Dollar. Der Franken schoss nach oben, bis er fast 1:1 mit dem Euro stand. Weil das der Schweizer Wirtschaft sehr schadete, indem es Schweizer Exporte und Urlaub in der Schweiz extrem teuer machte, erklärte die Schweizerische Nationalbank, sie werde so viel Franken drucken und damit Euro kaufen wie nötig, um den Euro bei mindestens 1,20 Franken zu halten. Mit Erfolg.

Reservewährungen sind zählebig

Auch wenn viele Länder mit dem Dollar als Anlagemedium unzufrieden sind: Eine Reservewährung wird nicht so leicht abgelöst. Diejenige Währung, die den Status innehat, genießt einen riesigen Konkurrenzvorteil. Das Vorhaben, sie abzulösen, ist vergleichbar mit dem Versuch, Microsoft Word den Rang des führenden Textverarbeitungsprogramms streitig zu machen. Fast alle Nutzer sind an dieses Programm gewöhnt und verlassen sich darauf, dass sie mit anderen problemlos Dokumente austauschen können. Bei einem neuen Programm, auch wenn es besser sein sollte, ist das nicht der Fall. Ähnlich verhält es sich mit der führenden Reservewährung. Alle können sich darauf verlassen, dass ihre Dollar akzeptiert werden und dass sie auch große Mengen von Dollar-Wertpapieren jederzeit verkaufen können.

Es ist sehr schwer, beispielsweise bei der Abrechnung von Öllieferungen von Dollar auf Euro umzusteigen, wenn der Weltmarktpreis in Dollar ermittelt wird. Wenn sich der Wechselkurs von Euro zu Dollar so entwickelt, dass Öl in Euro berechnet billiger würde als in Dollar, fühlt sich der Verkäufer benachteiligt und der Käufer in Euro erhält einen Anreiz, viel Öl billig in Euro zu kaufen und teuer in Dollar weiterzuverkaufen. Nicht nur bei Öl, sondern bei den allermeisten international an Börsen gehandelten Waren wird der Weltmarktpreis in Dollar ausgedrückt.

Aus solchen Gründen war unter Finanzexperten (zumindest bis 2011) die Einstellung verbreitet, dass der Dollar zwar langfristig seinen Status als Reservewährung an stabilere Währungen wie den Euro oder den chinesischen Yuan abgeben, dies aber noch mindestens zehn bis 15 Jahre dauern werde.

Wer ist schuld an der Euro-Krise?

Im Jahr 2009 erhielt die weltweite Finanzkrise noch einen Ableger, die europäische Staatsschuldenkrise. Plötzlich fiel es dem griechischen Staat schwer, zu erträglichen Zinsen Käufer für seine Anleihen zu finden. Der griechische Staat hatte seit Längerem jedes Jahr ein hohes Defizit ausgewiesen und auf diese Weise bis 2008 eine Staatsschuld von 110 % des Bruttoinlandsprodukts angehäuft.

Ein klar erkennbarer Anlass, warum die Märkte plötzlich unerträglich fanden, was sie bis dahin kaum bemerkt hatten, fehlte. Manche meinen, es könnte eine koordinierte Attacke auf den Euro gegeben haben. Die Grundversion dieser Theorie besagt, dass sich einige Hedge-Fonds zusammentaten, um auf einen fallenden Euro zu wetten und dieses Ergebnis anschließend selbst herbeizuführen. In einer noch weitergehenden Variante lautet sie, dass Washington, also Notenbank oder Regierung der USA, selbst eine Rolle spielte. Eine vordergründige Plausibilität dafür besteht, weil vor Ausbruch der Euro-Krise der einträgliche Leitwährungsstatus des Dollar von China und anderen Ländern erstmals massiv in Frage gestellt wurde.

Beispiel:

Patrick Artus, Chefvolkswirt der französischen Bank Natixis, gehört zu den wenigen, die kein Blatt vor den Mund nehmen. Er schreibt: „Die USA haben ein chronisches Defizit mit dem Rest der Welt, weil sie zu wenig sparen. Die heimische Nachfrage zu reduzieren ist inakzeptabel. Deshalb brauchen sie permanent Investoren, die bereit sind, US-Schuldtitel zu kaufen. Doch ausländische Investoren haben Zweifel an der wirtschaftlichen und finanziellen Situation der USA. Deshalb muss der Dollar unbedingt Weltreservewährung bleiben. Das gewährleistet, dass große Investoren und Zentralbanken im Ausland fast automatisch US-Anleihen kaufen. Es darf daher keinen Ersatz für den Dollar als Reservewährung geben. Der einzige Ersatz wäre derzeit der Euro. Das erklärt die Bemühungen der USA, den Euroraum zu destabilisieren." (Artus 2011)

Belege für diese Thesen gibt es nicht. Allerdings sollte man sich auch nicht dem naiven Glauben hingeben, dass an den Finanzmärkten der Welt immer oder auch nur meistens alles mit rechten Dingen zugeht. Wenn einer der ganz großen Spieler oder gar mehrere zusammen einen Wechselkurs oder den Kurs eines Wertpapiers in eine bestimmte Richtung manipulieren wollen, dann können sie das auch. Effektive Kontrollen gibt es kaum. So gilt als gesichert, dass sich große Finanzinstitute während der Asienkrise zusammentaten, um den Aktienmarkt in Hongkong zu drücken und die Anbindung des Hongkong-Dollar an den US-Dollar zu knacken. Um sich dagegen zu wehren, musste die Regierung Hongkongs massiv Aktien aufkaufen. Letztlich hatte sie Erfolg und konnte die erworbenen Aktien später mit großem Gewinn wieder verkaufen (siehe Yam 2000). Regionale Finanzmarktentwicklungen und Finanzkrisen sind geopolitisch viel zu wichtig, als dass man sich vormachen sollte, Möglichkeiten der Beeinflussung von außen blieben ungenutzt, noch dazu, wenn man viel Geld damit verdienen kann.

Beispiel:

> Im Sommer 2009 wurde Sergey Aleynikov, Programmierer bei Goldman Sachs, laut einem Bericht der Nachrichtenagentur Reuters vom 7. Juli verhaftet. Er wurde beschuldigt, das Handelsprogramm der Firma kopiert und auf einen Server in Deutschland geladen zu haben. Interessant daran ist, dass ein Staatsanwalt, der sich auf Informationen von Goldman Sachs stützte, davor warnte, dass diese Software benutzt werden könnte, „um Märkte auf unfaire Weise zu manipulieren". Was Goldman Sachs wohl mit diesem Programm vorgehabt hatte?

Selbsterfüllende Prophezeiungen

Mit einiger Verzögerung sprangen die Probleme Griechenlands auf Irland über und nach weiteren Monaten auf Portugal, 2011 dann sogar auf Spanien und Italien. Ansteckungsgefahr ist ein Merkmal vieler Finanzmärkte, weil auf diesen Märkten Krisenfurcht allein schon Krisen auslösen kann, selbst wenn sie völlig unbegründet ist. So hätte Spanien seine Schulden mühelos bedienen können, wenn nicht die Investoren auf dem Markt für Staatsanleihen Angst vor einer Ansteckung bekommen hätten. Wenn die Griechen plötzlich viel höhere Zinsen zahlen müssen, um ihre Anleihen verkaufen zu können, dann vielleicht auch bald die Iren, hieß es in Finanzkreisen. Und wenn die Iren, dann vielleicht auch bald die Portugiesen. Und wenn die Portugiesen, dann vielleicht als Nächstes die Spanier. So lautete das Kalkül der Furcht und so kam es, allein weil die furchtsamen Investoren entsprechend handelten. Und weil der Schuldendienst viel schwerer ist, wenn man 6 % Zinsen zahlen muss, als wenn man 3 % zahlt, fand die gefürchtete Finanzkrise dadurch auch ihren Weg nach Spanien und etwas später sogar nach Italien.

In der deutschen Diskussion wird die Schuldenkrise häufig als ein Problem übermäßiger Staatsausgaben und einer Missachtung der Defizitregeln des Stabilitäts- und Wachstumspaktes dargestellt. Das greift viel zu kurz, wenn es auch das griechische Problem einigermaßen korrekt erfasst.

Irland, Portugal und Spanien hatten vor Ausbruch der Finanzkrise kein Problem mit ihren Staatsdefiziten und auch keine überhöhten Staatsschulden. Zum Teil wiesen ihre Staatshaushalte bis zum Krisenbeginn sogar jahrelang Überschüsse aus, sodass sie als finanzpolitische Musterschüler galten.

Auslandsschulden als Hauptproblem

Die Länder am südlichen Rand der Währungsunion verbindet jedoch die Tatsache, dass sie allesamt deutlich mehr importierten als exportierten. (Irland bildet einen Sonderfall; hier erwächst das Problem daraus, dass manche der hiesigen Banken viel zu groß für das kleine Land waren.) Die *Leistungsbilanzen* dieser Länder wiesen seit Beginn der Währungsunion große Defizite auf, das heißt, es floss viel mehr Geld für Importe, Zinszahlungen und Ähnliches ins Ausland, als die Länder an Export- und Zinserträgen und Ähnlichem einnahmen. Sie erhielten in Höhe dieses Leistungsbilanzdefizits jedes Jahr einen großen Kredit aus dem Ausland.

Leistungsbilanzsaldo ist die Differenz zwischen dem Geldzufluss aus dem Ausland in Form von Entgelt für Exporte, Zinsen für Finanzanlagen im Ausland und Geschenken aus dem Ausland auf der einen Seite sowie dem Geldabfluss in Form von Entgelt für Importe, Zinsen für Anlagen von Ausländern im Inland und Geschenken ans Ausland auf der anderen Seite. (Einnahmen aus internationalem Tourismus gelten als Exporteinnahmen.) Wer ein Leistungsbilanzdefizit hat, baut eine Schuld gegenüber dem Ausland auf.

Anders als in Griechenland verschuldete sich in den übrigen Krisenländern nicht in erster Linie der Staat, wie die folgende Tabelle zeigt. In Irland waren es die Banken, in Spanien die Privatwirtschaft, v.a. der Immobiliensektor.

Land	Haushalts- saldo (Summe)* 2003–2007	Staats- schuld* Ende 2007	Leistungs- bilanzsaldo* 2003–2007
Deutschland	–13	65	26
Griechenland	–31	105	–45
Portugal	–19	63	–46
Spanien	6	36	–35
Irland	4	25	–13

* Werte in % des jährlichen BIP

Staatsschuld versus Auslandsschuld als Krisenauslöser

Kern des Problems waren also die Verschuldung im Ausland und die Tatsache, dass Kredite so leicht zu bekommen waren. Das war der Fall, weil mit dem Eintritt dieser Länder in die Europäische Währungsunion das Wechselkursrisiko entfiel.

Bis dahin hatten die Südländer wegen ihrer chronisch höheren Inflationsrate beständig gegenüber der D-Mark abgewertet. Ausländische Kreditgeber hatten in ihrem Kalkül berücksichtigt, dass die Peseten oder Drachmen, die sie später zurückbekommen würden, in D-Mark oder Pfund gemessen weniger wert sein würden als zum Ausleihzeitpunkt. Sie verlangten deshalb deutlich höhere Zinsen. Als dieses Wechselkursrisiko entfiel, gingen auch die Zinsen, die man den betreffenden Schuldnerländern abverlangte, drastisch zurück, bis fast auf das deutsche Niveau. An das Risiko einer Überschuldung dachten die Banken und Investoren bis zum Eintritt der Finanzkrise nicht.

Durch den massiven Zinsrückgang hatten Haushalte, Unternehmen und Staat plötzlich viel mehr Geld zur freien Verfügung, das sie nicht mehr für den Schuldendienst verwenden mussten. Entsprechend gaben sie mehr für Konsumzwecke aus, die Nachfrage stieg und mit ihr auch Löhne und Preise. Bei den Zinsen kommt es v.a. auf die realen oder inflationsbereinigten Werte an. Wenn die Inflationsrate steigt, der Nominalzins aber gleich bleibt, dann sinkt der Realzins.

Der Zinsrückgang führte zu einem Boom, der sich selbst verstärkte. Und weil Wachstum Eindruck macht, v.a. auf die Finanzmärkte, floss Geld reichlich und billig in diese Länder und finanzierte den Boom.

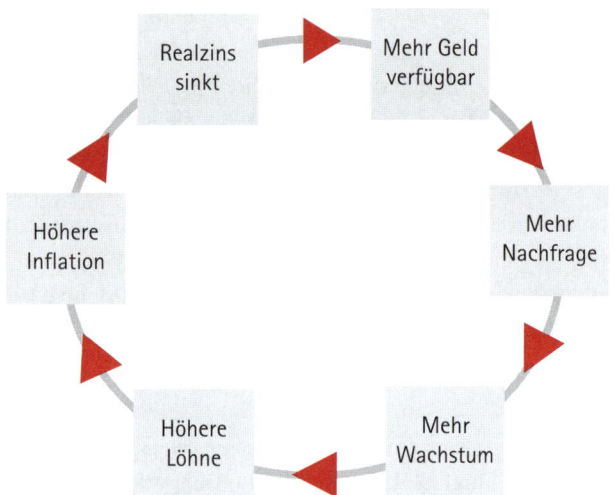

Wirtschaftsboom durch sinkende Zinsen

Wie fast immer bei derartigen selbstverstärkenden Prozessen in der Wirtschaft kippte auch dieser irgendwann in sein Gegenteil um. Die beständig steigenden Löhne bewirkten nämlich, dass die Produktion in diesen Ländern immer teurer wurde. Im Inland produzierte Waren verloren preislich immer mehr ihre Wettbewerbsfähigkeit. Die Leistungsbilanzdefizite wurden immer größer. Wenn die Finanzkrise nicht ausgebrochen wäre, hätte sich dieser Prozess wahrscheinlich noch eine Zeitlang fortgesetzt. Aber irgendwann hätten die Finanzmärkte auch ohne Subprime-Krise bemerkt, welche Gefahr hier langfristig droht, und sie hätten den Kredithahn abgedreht.

Stattdessen aber sorgte nun die Finanzkrise dafür, dass sich die positive Rückkopplung in einen Teufelskreis umkehrte. Die Investoren wurden risikoscheu. Wer zu viele Schulden hatte – und die Länder am südlichen Rand des Euroraums gehörten dazu –, der bekam nur noch zu hohen Zinsen Kredit. Das verfügbare Einkommen sank, die Konjunktur brach ein. Haushalte und Unternehmen stellten fest, dass sie in dieser neuen, viel weniger dynamischen Wirtschaft viel zu hoch verschuldet waren. Folglich versuchten sie, ihre Schulden abzubauen. Damit die Rezession nicht in eine Depression abglitt, musste der Staat gegenhalten und höhere Defizite in Kauf nehmen. So verwandelte sich die allgemeine Schuldenkrise der peripheren Südländer und die Bankenkrise in Irland in eine Staatsschuldenkrise.

> Ursache der Euro-Krise waren lang anhaltende hohe Defizite der südlichen Peripherieländer im Außenhandel. Als die Weltfinanzkrise die Konjunktur abwürgte und die Finanzierungskanäle verstopfte, kam es zu einer Staatsschuldenkrise, weil die meisten Schulden im Zuge der Krise beim Staat landeten.

Ein Konstruktionsfehler des Euro

Der Euro-Krise liegen Konstruktionsfehler zugrunde, die letztlich auf einem Interessenkonflikt zwischen Gläubigern und Schuldnern beruhen. Auf deutschen Druck hin wurden ausschließlich Regeln vereinbart, die übermäßige Staatsverschuldung verhindern sollten. Das entsprach dem deutschen Interesse als starke Exportnation. Denn Exportnationen, die mehr ans Ausland verkaufen als von dort einkaufen, sammeln Guthaben an. Die Handelspartner verschulden sich bei

Deutschland. Ein Gläubiger hasst Inflation, denn diese entwertet sein Guthaben. Die Hauptsorge Deutschlands war daher, dass die anderen Länder sich übermäßig verschulden und dann die Europäische Zentralbank drängen könnten, mehr Geld zu drucken. Deshalb bestand es darauf, die Zentralbank von den Regierungen der Einzelstaaten unabhängig zu machen; zudem wurde ihr verboten, die Staatshaushalte direkt zu finanzieren. Das französische Ansinnen einer wirtschaftspolitischen Koordinierung wehrten die Deutschen ab. Es gab daher keine Regeln oder Mechanismen, die übermäßige Defizite oder Überschüsse im Außenhandel verhinderten.

Wachstum oder Verarmung?

Wenn die Ursache der Euro-Schuldenkrise in den hohen Leistungsbilanzdefiziten der Peripherieländer liegt, die in die Überschuldung führten, dann bedeutet das, dass diese Leistungsbilanzdefizite abgebaut werden müssen. Dazu gibt es drei Möglichkeiten:

- Bankrotterklärung
- Finanzielle Hilfen, Kredite oder Schuldenübernahme durch andere Länder
- Wirtschaftswachstum, das die Schuldenrückzahlung ermöglicht

Die dritte Möglichkeit wurde zur Lösung der Euro-Schuldenkrise nicht in Betracht gezogen. Stattdessen blieb es bei der Zusage von Finanzhilfen und Kreditgarantien im Austausch gegen das Versprechen der Empfängerländer, Ausgabenkürzungen vorzunehmen. Das läuft letztlich auf das Gegenteil dessen hinaus, was Option drei besagt. Denn wenn alle sparen wollen, einschließlich des Staats, und kein zurückgehender Wechselkurs den Export unterstützt, dann kommt es zu einer tiefen Rezession, welche jeden Versuch einer Haushaltssanierung massiv erschwert. Das betraf alle angeschlagenen Südländer, am schlimmsten die Griechen.

So musste die griechische Regierung ihre Schätzung bezüglich der Wirtschaftsleistung für das Jahr 2011 im Oktober desselben Jahres auf –5,5 % senken. Im Sanierungsplan, der mit IWF, EU-Kommission und EZB ausgehandelt worden war, stand nur ein Minus von 2,6 %. Entsprechend musste die Regierung ihre Schätzung für die Staatsdefizitquote von den vereinbarten 7,4 % auf 8,5 % heraufsetzen.

Eine Ausnahme unter den Krisenländern bildete Irland, das eine große Exportbasis besitzt und mit kräftigen Lohnsenkungen sein Außenhandelsdefizit schnell beseitigen konnte. Portugal und Griechenland hingegen hatten bei Ausbruch der Krise nur noch eine sehr geringe Industriedichte und eine geringe Exportquote. Auch mit kräftigen Lohnsenkungen war da nicht viel zu machen, denn selbst prozentual merkliche Exportsteigerungen können bei einer kleinen Exportbasis die Verluste, welche die heimische Nachfrage erleidet, nicht wettmachen. Es kam deshalb zur Verarmung.

Land	Anteil des verarbeitenden Gewerbes an der Wertschöpfung	Anteil der Exporte am BIP
Deutschland	20 %	38 %
Italien	18 %	30 %
Spanien	13 %	35 %
Portugal	17 %	37 %
Griechenland	10 %	22 %

Industriedichte und Anteil der Exportwirtschaft im Vergleich

Abwertung und Lohnsenkungen wirken unterschiedlich

Das Problem der Krisenländer besteht darin, dass sie in der Währungsunion ihre verlorene Wettbewerbsfähigkeit nicht einfach durch Abwertung wiederherstellen können. Zwar gibt es die Alternative einer Senkung der Löhne, was ebenfalls die Produktion verbilligt. Diese Maßnahme wirkt allerdings deutlich anders als eine Abwertung. Beide machen die international gehandelten Waren des betreffenden Landes relativ billiger, also preislich wettbewerbsfähiger. Es ist mittelfristig mit höheren Exporten und niedrigeren Importen zu rechnen.

Der Unterschied liegt in den nicht international gehandelten Waren und Dienstleistungen, die den Großteil der Wirtschaftsleistung ausmachen. Bei einer Abwertung ändert sich für die Arbeitnehmer in diesem Bereich und für die Konsumenten zunächst einmal nichts. Ein Verlust an interner

Kaufkraft rührt bei einer Abwertung also nur daher, dass die international gehandelten Güter teurer werden.

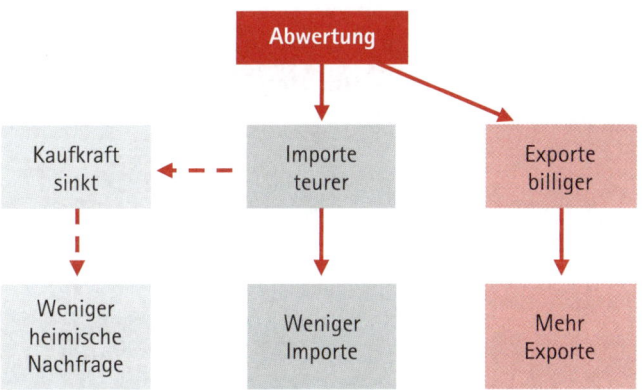

Wirkung einer Abwertung

Bei einer allgemeinen Lohnsenkung dagegen haben alle Arbeitnehmer unmittelbar weniger Geld in der Tasche und können weniger ausgeben. Das bedeutet, dass die für den heimischen Markt produzierenden Unternehmen weniger absetzen können, ihre Belegschaften verkleinern müssen oder pleitegehen und so die Kaufkraft noch weiter sinkt. Im Fall einer Abwertung ist der unerwünschte Kaufkraftverlust nur eine begrenzte Nebenwirkung der teureren Importe. Die Absatzmöglichkeiten derer, die für den heimischen Markt produzieren, verschlechtern sich nur unwesentlich. Im Fall allgemeiner Lohnsenkungen besteht eine Hauptwirkung, wie das nachfolgende Schaubild zeigt, neben der Exportförderung in der unerwünschten Dämpfung der Kaufkraft. Die erwünschte

Dämpfung der Importe ist dagegen nur eine indirekte und mengenmäßig begrenzte Folge des Kaufkraftverlusts durch die Lohnsenkung.

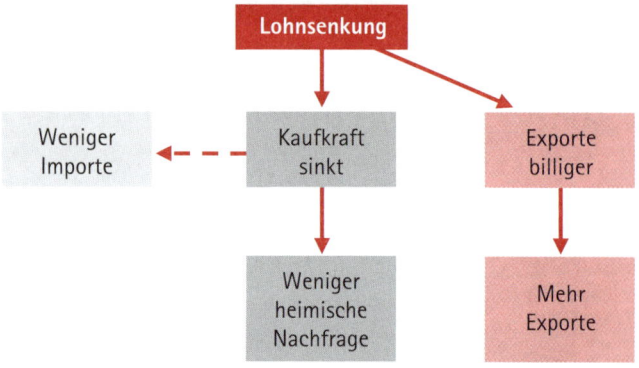

Wirkung einer Lohnsenkung

Deshalb ist eine „reale Abwertung", wie die Strategie der Lohnsenkung von Ökonomen manchmal recht irreführend genannt wird, etwas ganz anderes als eine tatsächliche Abwertung der Währung, und deshalb ist es in einer Währungsunion so schwer, eine einmal verlorene Wettbewerbsfähigkeit zurückzugewinnen. Je geringer der Anteil des Exportsektors (und des mit Importen konkurrierenden industriellen Sektors) in der Wirtschaft und je größer der Dienstleistungssektor, desto schwieriger ist es, mit Reallohnsenkungen die Wettbewerbsfähigkeit wiederherzustellen, ohne in eine Abwärtsspirale zu geraten, weil der Binnenmarkt einbricht.

Im Laufe des Jahres 2011 wurde deutlich, dass Sparen allein nicht funktioniert. Die Rezessionen in Griechenland und Portugal vertieften sich, die Sanierung der Staatshaushalte erwies sich als unmöglich, weil die Einnahmen wegbrachen und die Ausgaben für Arbeitslosen- und Sozialhilfe stiegen. Deshalb griff man schließlich zunehmend auf Maßnahmen zurück, die auch im Interesse eines Gläubigers liegen, wenn die Zahlungsunfähigkeit des Schuldners droht: Man gewährte Erleichterungen. Der Zins für Hilfskredite wurde auf 3,5 % gesenkt; Griechenland wurde ein Teilerlass seiner Staatsschulden in Aussicht gestellt. Die EU bemühte sich um die beschleunigte Auszahlung von Geldern aus den EU-Töpfen. Man begann, wenn auch zaghaft, über Maßnahmen zur Wachstumsstimulierung zu sprechen.

Wo liegen also nun letztlich die Ursachen der Euro-Krise?

- Die griechischen Regierungen tragen sicherlich eine besonders große Verantwortung, haben sie doch jahrelang (mit Hilfe ihrer Komplizen in der internationalen Bankenszene) ihre Haushaltsstatistiken massiv gefälscht und sich so Zugang zur Währungsunion verschafft, für die Griechenland nicht bereit war, und später das wahre Ausmaß der Haushaltsprobleme verschleiert.

- Dazu kam ein Bankensystem, das fast nach Belieben Geld schöpfen und Risiken eingehen darf. Das bewirkte einerseits, dass die Griechen, Portugiesen und Spanier viel zu lange viel zu bereitwillig Kredit erhielten, und andererseits, dass sich die Lösung der Krise später als so schwierig erwies – denn jeder Schuldenschnitt eines Landes drohte das gesamte Bankensystem des Euroraums in Turbulenzen zu stürzen.

- Und schließlich ist da noch der Konstruktionsfehler der Schöpfer der Währungsunion, die sich allein auf die Staatsfinanzen konzentrierten und andere mögliche Fehlentwicklungen fast vollständig ignorierten.

Auf einen Blick: Weltfinanzsystem

- Das Land mit der Weltleitwährung hat das Privileg, sich fast beliebig hoch in einer Währung verschulden zu können, die es selbst drucken kann.

- Die USA und China, größter Halter von US-Anleihen, sind stark voneinander abhängig. Hohe Devisenreserven machen ärmere Länder unabhängiger. Sie helfen ihnen, sich von den Launen des Kapitalmarktes abzuschotten.

- Mit der Anlage in Dollar macht man meist ein schlechtes Geschäft. Doch weil es (noch) keine Alternative mit hinreichend großem und flüssigem Kapitalmarkt gibt, wird der Dollar noch einige Zeit Leitwährung bleiben.

- Die Krise des Euroraums ab 2009 wurde durch ein weitgehend unkontrolliert operierendes Bankensystem und langjährige große Außenhandelsdefizite der Problemländer verursacht.

- Der Euroraum weist einen Konstruktionsfehler auf: Eine Koordinierung der Wirtschaftspolitik wäre nötig gewesen. Stattdessen konzentrierte man sich allein auf die Grenzen staatlicher Verschuldung.

Stichwortverzeichnis

Quellen

Aidt, T. S., und P. S. Jensen (2011): Workers of the World, Unite! Franchise Extensions and the Threat of Revolution in Europe, 1820–1938. Ceslfo Working Paper 3417.

Artus, P. (2011): Why a Loss of Credibility for the Euro is of utmost Importance for the United States. Natixis Flash Economics 646, 8. September.

Ashenfelter, O. C., K. B. Doran und B. Schaller (2010): A Shred of Credible Evidence on the Long Run Elasticity of Labor Supply. Economica 77:637–50.

Ashenfelter, O. C. und S. Iurajda (2001): Cross-country Cmparisons of Wage Rates: The Big Mac Index. Arbeitspapier.

Autor, D., J. Donohue III und S. Schwab (2006): The Costs of Wrongful-Discharge Laws. Review of Economics and Statistics 88:211–31.

Benke, K. (2011): Jobwunder durch Teilzeit? DIW Wochenbericht 42:3–13.

Bewley, T. (1998): Why Not Cut Pay? European Economic Review 42:459–90.

Binder, S. und D. Schäfer (2011): Banken werden immer größer. DIW-Wochenbericht 32, 2011.

Blinder, A. S., E. D. Canetti, D. E. Lebow und J. B. Rudd (1998): Asking About Prices. Russel Sage Foundation.

Bräuninger, D. (2010): Pensions in a post-crisis world: Fully-funded provision is vital. Deutsche Bank Research Current Issues 26, 2.

Chetty, R. (2008): Moral Hazard vs. Liquidity and Optimal Unemployment Insurance. Journal of Political Economy 116:173–234.

Dube, A., W. Lester und M. Reich (2010): Minimum Wage Effects Across State Borders: Estimates Using Contiguous Counties. Review of Economics and Statistics 92:945–64.

Du Caju, P., F. Rycx und I. Tojerow (2009): Interindustry Wage Differentials – How Much Does Rent Sharing Matter. ECB Working Paper 1103.

Dyson, B., T. Greenham, J. Ryan-Collins und R. A. Werner (2010): Towards a Twenty-first Century Banking and Monetary System. Submission to the Independent Commission on Banking.

Faux, Z. und J. Shen (2011): Subprime Mortgage Bonds Get AAA Rating From S & P Denied to U.S., Bloomberg 31.8.2011.

Galor, O. und O. Moav (2006): Das Human-Kapital: A Theory of the Demise of the Class Structure. The Review of Economic Studies 73:85–117.

Häring, N. (2010): Markt und Macht: Was Sie schon immer über die Wirtschaft wissen wollten, aber bisher nicht erfahren sollten. Stuttgart.

Kirchgässner, G. (2007): On the Efficiency of a Public Insurance Monopoly: The Case of Housing Insurance in Switzerland. Public Economics and Public Choice. Contributions in Honor of Charles B. Blankart. (Hrsg: P. Baake, R. Borck). Berlin Heidelberg.

Knudsen, E., J. Heckman, J. Cameron und J. Shionkoff (2006): Economic, Neurobiological and Behavioral Perspectives on Building America's Future Workforce. PNAS, Proceedings of the National Academy of Sciences 103:10155–62.

Lin, J. Y. (2011): From Flying Geese to Leading Dragons: New Opportunities and Strategies for Structural Transformation in Developing Countries. World Bank Working Paper 5702.

Metcalf, D. (2007): Why has the British Minimum Wage Had Little or no Impact on Employment. CEP Discussion Paper 781.

Reinert, E. S. (2007): How Rich Countries Got Rich... and Why Poor Countries Stay Poor. London.

Reinert, S. A. (2011): Translating Empire: Emulation and the Origins of Political Economy. Harvard.

Sawhney, A. und M. E. Kahn (2011): Understanding Cross-National Trends in High-Tech Renewable Power Equipment Exports to the United States. NBER Working Paper 17217.

Solnik, S. und D. Hemenway (1998): Is More Always Better? A Survey on Positional Concerns. Journal of Economic Behavior and Organization 37:373–83.

Taussig, F. W. (1910/1892): The Tariff History of the United States, Part 1. 5. Auflage, Online-Ausgabe, Ludwig von Mises Institut.

Tavoni, A., A. Dannenberg, G. Kallis und A. Löscher (2011): Inequality, Communication, and the Avoidance of Disastrous Climate Change in a Public Goods Game. PNAS 108 (29):11733–11734.

Wystup, U. (2009): Ist die Einführung der Riester-Rente vor allem ein Geschenk an die Finanzindustrie? Gebühren vs. Zulagen, Investmentansätze, Verbraucherinformationen. Präsentation: German Mathematica Tour, 30. September.

Yam, J. C.K. (2000): „Capital Flows, Hedge Funds and Market Failure: A Hong Kong Perspective", in: Gruen, D. und L. Gower (Hrsg.): Capital Flows and the International Financial System. S. 164–179.

Impressum

Bibliografische Information der Deutschen Nationalbibliothek
Die Deutsche Nationalbibliothek verzeichnet diese Publikation in der Deutschen Natio-
nalbibliografie; detaillierte bibliografische Daten sind im Internet über
http://www.d-nb.de abrufbar.

Print: ISBN: 978-3-648-02552-9 Bestell-Nr.: 00935-0001
ePub: ISBN: 978-3-648-02553-6 Bestell-Nr.: 00935-0100
ePDF: ISBN: 978-3-648-02551-2 Bestell-Nr.: 00935-0150

Dr. Norbert Häring
So funktioniert die Wirtschaft
1. Auflage 2012, Freiburg

© 2012, Haufe-Lexware GmbH & Co. KG, Munzinger Straße 9, 79111 Freiburg
Redaktionsanschrift: Fraunhoferstraße 5, 82152 Planegg/München
Telefon: (089) 895 17-0
Telefax: (089) 895 17-290
Internet: www.haufe.de
E-Mail: online@haufe.de
Redaktion: Jürgen Fischer

Konzeption und Realisation: Sylvia Rein, 81371 München
Lektorat: Jan W. Haas, Sylvia Rein
Satz: Beltz Bad Langensalza GmbH, 99947 Bad Langensalza
Umschlag: Kienle gestaltet, Stuttgart
Druck: freiburger graphische betriebe, 79108 Freiburg

Der Autor

Dr. Norbert Häring

ist Wirtschaftsjournalist und Fachbuchautor. Er berichtet seit 2002 für das *Handelsblatt* über Geldpolitik, Konjunktur und Finanzmärkte. Nach Ökonomiestudium und Promotion in Heidelberg und Saarbrücken war er zunächst Konjunkturanalyst und Redenschreiber bei der Commerzbank, bevor er in den Wirtschaftsjournalismus wechselte. Er ist Autor (mit Olaf Storbeck) des preisgekrönten Bestsellers *Ökonomie 2.0* sowie von *Markt und Macht: Was sie schon immer über die Wirtschaft wissen wollten, aber bisher nicht erfahren sollten.*

Norbert Häring ist Vorstandsmitglied der World Economics Association, einer 2011 gegründeten internationalen Ökonomenvereinigung mit rund 7000 Mitgliedern aus über 110 Ländern, sowie Mitherausgeber der Fachzeitschrift *World Economics Journal*. Außerdem ist er Vorsitzender (ohne Stimmrecht) des EZB-Schattenrats, eines Gremiums von 15 prominenten europäischen Volkswirten, das sich 2002 auf seine Initiative zusammenfand, um über die Geldpolitik im Euro-Währungsraum zu debattieren.

Daneben versucht er sich mit unterschiedlichem Erfolg als Volleyballspieler und -trainer, Backgammon-Turnierspieler und Familienvater.

Mit Charisma beeindrucken

Finden Sie Ihren eigenen Weg zu einer selbstbewussten Persönlichkeit, die durch Stilsicherheit und Souveränität überzeugt. Hier erfahren Sie, wie es geht. Die Autoren zeigen Ihnen, wie Ihnen ein professioneller Auftritt auf dem Business-Parkett gelingt.

€ 14,95 [D]
ca. 350 Seiten
ISBN 978-3-648-02494-2
Bestell-Nr. E00388

Jetzt bestellen!
www.haufe.de/bestellung
oder in Ihrer Buchhandlung

Tel. 0180-50 50 440; 0,14 €/Min. aus dem deutschen Festnetz;
max. 0,42 €/Min. mobil. Ein Service von dtms.

HAUFE.

Haufe TaschenGuides
Kompakte Informationen zum kleinen Preis

TaschenGuides
Der Schlüssel zu mehr Erfolg

Nie mehr sprachlos

→ Wie Sie stichhaltige Argumente finden und überzeugend verhandeln.

→ Hilfe gegen unfaire Argumente: So wehren Sie sich erfolgreich.

→ Wie Sie Ihre argumentative und logische Kompetenz verbessern.

 978-3-648-01902-3
€ 8,95 [D], € 9,30 [A], sFr 10,95

→ Wie Sie Chefs und Kollegen überzeugen.

→ Grundlegende Techniken, um Gespräche gezielt vorzubereiten und konstruktiv zu gestalten.

→ Mit Tipps aus der Praxis, wie Sie souverän mit Konflikten umgehen können.

978-3-648-02672-4
€ 8,95 [D], € 9,30 [A], sFr 10,95

NEU

TASCHEN GUIDE
Einfach! Praktisch!

Barbara Schott / Peter Troczynski

Verhandeln

Best of-Edition

  978-3-648-02555-0
€ 8,95 [D], € 9,30 [A], sFr 10,95

→ Wie Sie Verhandlungen vorbereiten und geschickt
  ins Thema einsteigen.
→ Wie Sie Stress abbauen und eine angenehme
  Situation schaffen.
→ Wie Sie aus festgefahrenen Situationen herausfinden.

Nie mehr sprachlos

→ So reagieren Sie schnell und treffend – in jeder Lebenslage.

→ Wichtige Soforthilfen für alle Situationen – im Büro oder zu Hause.

→ Mit zahlreichen Beispielen aus der Praxis – unterhaltsam und amüsant.

Buch 978-3-448-07985-2
€ 6,90 [D], € 7,10 [A], sFr 8,95

→ Wie Sie sich auf eine Rede vorbereiten.

→ Wie Sie Ihre Zuhörer überzeugen und souverän auftreten.

→ Wie Sie bei Schwierigkeiten richtig reagieren.

Buch 978-3-648-02714-1
€ 8,95 [D], € 9,30 [A], sFr 10,95

Richtig auftreten

→ Wie Sie Hemmungen über-
winden und den passenden
Gesprächseinstieg finden.

→ Welche Themen und Tech-
niken Sie nutzen können.

→ Wie Sie schwierige Situationen souverän meistern.

978-3-448-09087-1
€ 6,90 [D], € 7,10 [A], sFr 8,95

→ Welche Signale Sie unbe-
wusst durch Körperhaltung,
Gestik und Stimme trans-
portieren.

→ Wie Sie die Botschaften
anderer richtig interpretieren
und selbst überzeugen.

→ Körpersprache in Vorstel-
lungsgesprächen und
Meetings gezielt einsetzen.

978-3-648-02683-0
€ 8,95 [D], € 9,30 [A], sFr 10,95

Alles im Griff haben

→ Die eigenen Interessen verwirklichen – mit dem richtigen Auftreten.

→ Souverän verhandeln und argumentieren – Gesprächsstrategien für jede Situation.

→ Selbstdarstellung und Netzwerke – wie Sie sich selbst besser vermarkten.

978-3-448-09100-7
€ 6,90 [D], € 7,10 [A], sFr 8,95

→ Typische Manipulationstechniken und elegante Abwehrtechniken.

→ Argumentationsfallen und Scheinargumente durchschauen und entkräftigen.

→ Mit großem Trainingsteil: erkennen, entlarven, kontern. Auch in heiklen Situationen.

978-3-648-02685-4
€ 8,95 [D], € 9,30 [A], sFr 10,95

Der Schlüssel zu mehr Erfolg

→ Was ist Motivation? Erfolgsrezepte und Missverständnisse.

→ Als Führungskraft erfolgreich motivieren: Ziele formulieren, Selbstvertrauen vermitteln.

→ Mit großem Trainingsteil.

  978-3-648-01797-5
€ 8,95 [D], € 9,30 [A], sFr 10,95

→ Schritt für Schritt die Merkfähigkeit verbessern.

→ Konzentration und Entspannung als Basis für geistige Leistungsbereitschaft.

→ Mühelos Einkaufslisten, Namen und Termine aus dem Gedächtnis abrufen.

978-3-448-10146-1
€ 6,90 [D], € 7,10 [A], sFr 8,95

Fit im Beruf

Anja von Kanitz

Emotionale Intelligenz

978-3-648-00311-4
€ 6,90 [D], € 7,10 [A], sFr 8,95

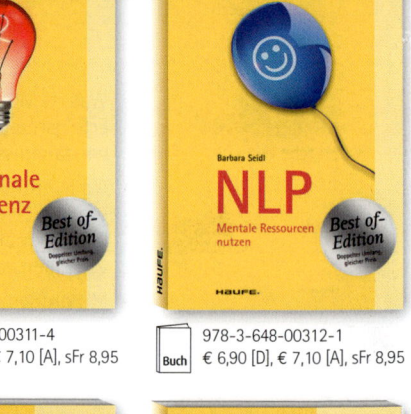

Barbara Seidl

NLP

Mentale Ressourcen nutzen

978-3-648-00312-1
€ 6,90 [D], € 7,10 [A], sFr 8,95

Dr. Klaus Bischof / Anita Bischof / Horst Müller

Selbst-management

978-3-648-02721-9
€ 8,95 [D], € 9,30 [A], sFr 10,95

Knoblauch / Wöltje / Hausner / Kimmich / Lachmann

Zeit-management

978-3-648-02723-3
€ 8,95 [D], € 9,30 [A], sFr 10,95

Erfolg auf der ganzen Linie

→ Wie Sie Ihre Stärken und Schwächen analysieren und Ihren persönlichen Stil finden.

→ Sicher entscheiden, effektiv delegieren, selbstbewusst Ziele setzen.

→ Mit vielen Übungen, um Ihre Performance zu verbessern.

  978-3-648-01793-7
€ 8,95 [D], € 9,30 [A], sFr 10,95

978-3-648-02720-2
€ 8,95 [D], € 9,30 [A], sFr 10,95

978-3-448-09949-2
€ 6,90 [D], € 7,10 [A], sFr 8,95

Rechnungswesen leicht gemacht

→ Inventur, Bilanz, Konto-
Begriffe und Zusammen-
hänge verständlich erklärt –
von der Inventur über
die Bilanz zum Konto.

→ Exemplarische Buchungen
aus der täglichen Praxis:
Debitoren, Kreditoren,
Steuern u. v. m.

→ Alle wichtigen Geschäfts-
vorfälle aus der Praxis kennen und korrekt buchen.

978-3-448-09303-2
€ 6,90 [D], € 7,10 [A], sFr 8,95

→ Schnell finden und korrekt
anwenden - die wichtigsten
Kennzahlen und Formeln.

→ Beschaffung und Investiti-
onsrechnung, Fertigung und
Kostenrechnung, Bilanzkenn-
zahlen und Finanzierung.

→ Mit großem Praxisteil:
die wichtigsten Fragen
für Unternehmensentschei-
dungen und ihre Lösung.

978-3-648-00492-0
€ 6,90 [D], € 7,10 [A], sFr 8,95

Einfach nachschlagen

→ Wachstum, Wettbewerb und Arbeit verständlich erklärt.

→ Thema Geld: Warum Inflation schädlich ist und für wen.

→ Fallbeispiele und Erläuterungen zu statistischen Untersuchungen.

 Buch 978-3-648-02552-9
€ 8,95 [D], € 9,30 [A], sFr 10,95

→ Was sich hinter den englischen Fachtermini im Wirtschaftssektor verbirgt: *das* Nachschlagewerk von A-Z!

→ Die wichtigsten Fachausdrücke aus Bank- und Börsenwelt, Management und Wirtschaftspolitik, Investor Relations und Corporate Governance.

 Buch 978-3-648-02550-5
€ 8,95 [D], € 9,30 [A], sFr 10,95